Julia Dahmer

Kunst
an Stationen

Übungsmaterial zu den
Kernthemen des Lehrplans

5 / 6

 Auer Verlag GmbH

Die Herausgeber

Marco Bettner: Rektor als Ausbildungsleiter, Haupt- und Realschullehrer, Referent in der Lehrerfort- und Lehrerweiterbildung, zahlreiche Veröffentlichungen als Autor und Herausgeber

Dr. Erik Dinges: Rektor einer Förderschule für Lernhilfe, Referent in der Lehrerfort- und Lehrerweiterbildung, zahlreiche Veröffentlichungen als Autor und Herausgeber

Die Autorin

Julia Dahmer: Fachlehrerin für Kunst in der Sekundarstufe I

Gedruckt auf umweltbewusst gefertigtem, chlorfrei gebleichtem und alterungsbeständigem Papier.

1. Auflage 2010
Nach den seit 2006 amtlich gültigen Regelungen der Rechtschreibung
© by Auer Verlag GmbH, Donauwörth
Illustrationen: Stefan Lohr
Satz: dtp-design Wahner & Loch GbR, Leipzig
Druck und Bindung: Kessler Druck + Medien, Bobingen
ISBN 978-3-403-06518-0

www.auer-verlag.de

Inhaltsverzeichnis

Vorwort 4

Laufzettel 6

Geister und andere Ungeheuer

Lehrerinformation
und Materialaufstellung 7
Station 1: Das Nachtgespenst 9
Station 2: Mein gruseligstes Erlebnis 10
Station 3: Verhexte Kostüme 11
Station 4: 3-D-Monster 13
Station 5: Schauerliche Bedrohung
in der Großstadt 15
Station 6: Der Blick
durchs Schlüsselloch 16
Station 7: Schauerliche
Fleckenmonster 17

Auf den Spuren der Vergangenheit

Lehrerinformation
und Materialaufstellung 18
Station 1: Infotheke 20
Station 2: Höhlenmalerei
im Rampenlicht 22
Station 3: Ägyptisches
Geheimdokument 24
Station 4: Bildhauer im alten Ägypten . . . 26
Station 5: Die Rüstung eines Römers . . . 27
Station 6: Lebendig begraben:
Ausbruch des Vesuvs 28
Station 7: Archäologen bei der Arbeit . . . 30

Schreiben und Entziffern

Lehrerinformation
und Materialaufstellung 32
Station 1: Wort im Bild 34
Station 2: Kryptografie 35
Station 3: Biegsame Schreibwerkstatt . . . 37
Station 4: Gestalten
eines Firmenlogos 39
Station 5: Buchstabenbauwerk 40
Station 6: Buchstabensalat
im Computer 41
Station 7: Graffiti 43

Kunst im Mittelalter

Lehrerinformation
und Materialaufstellung 44
Station 1: Infotheke 46
Station 2: Gestalten einer
mittelalterlichen Holztafel 48
Station 3: Dekorative Buchmalerei 49
Station 4: Romanische Baukunst 50
Station 5: Lichtdurchflutete
Himmelsstadt 56
Station 6: Mittelalterliche Schuhschau . . . 58
Station 7: Zeitmessung 59

Tüftler und Erfinder

Lehrerinformation
und Materialaufstellung 60
Station 1: Skizze einer
Unsinnsmaschine 62
Station 2: Anleitung der Unsinns-
maschine schreiben 63
Station 3: Präsentation:
Vorstellung der
Unsinnsmaschine 64
Station 4: Maschinen der Zukunft?!
Die Roboter kommen 65
Station 5: Elektroschrott
erwacht zum Leben 66

Gestalterische Mittel in der Kunst

Lehrerinformation
und Materialaufstellung 67
Station 1: Farbkontraste 69
Station 2: Nah und Fern 72
Station 3: Hell und Dunkel 74
Station 4: Perspektiven 75
Station 5: Glanzlichter setzen 77
Station 6: Strukturen 78

Schülerarbeiten **79**

Vorwort

Der Band „Kunst an Stationen" hat neben der Einhaltung des Lehrplanes den Anspruch, die Schüler[1] der Klassen 5 und 6 anzuregen, kreativ mit ihrer eigenen Fantasie umzugehen und diese gestalterisch umzusetzen.

Bei den vorliegenden Stationsarbeiten handelt es sich um eine Arbeitsform, bei der unterschiedliche Lernvoraussetzungen, unterschiedliche Zugänge und Betrachtungsweisen und unterschiedliche Lern- und Arbeitstempi der Schüler Berücksichtigung finden. Die Grundidee ist, den Schülern einzelne Arbeitsstationen anzubieten, an denen sie gleichzeitig selbstständig arbeiten können. Die Wahl der Stationen und der Reihenfolge des Bearbeitens der einzelnen Stationen liegt überwiegend in der Hand der Schüler. Auch ihr Arbeitstempo bestimmen sie selbst. Die dadurch ermöglichte Mitbestimmung wirkt sich motivierend auf den anschließenden Arbeitsprozess und somit auf die künstlerischen Ergebnisse aus.

Innerhalb einer Stationsarbeit können Sie als Lehrkraft Stationen als Wahlstationen und als Pflichtstationen deklarieren (siehe Laufzettel). Diese Zuteilung haben wir bewusst nicht vorgegeben, sie liegt in Ihrem jeweiligen Ermessen. Die Reihenfolge der Bearbeitung der einzelnen Stationen ist meist variabel, außer wenn eine übergreifende Infotheke als Einleitung in die weiteren Stationen dient. Nur die Stationsarbeit „Tüftler und Erfinder" verlangt bei den ersten drei Stationen eine Einhaltung der Abfolge. Die Arbeitsblätter sind mehrheitlich so aufgebaut, dass zunächst eine einleitende Infotheke oder Szenenbeschreibung den anschließenden Arbeitsauftrag anbahnt. Es folgt die direkte Anleitung, nach der die Schüler ihre Werke bearbeiten sollen. Da jede einzelne Station ein Teilbereich einer gemeinsamen Überthematik ist, ist es empfehlenswert, stets alle Stationen bearbeiten zu lassen.

Das Arbeiten an Stationen ermöglicht eine Öffnung des Unterrichts zugunsten der individuellen Befähigungen und Bedürfnisse der Schüler, die auch im Kunstunterricht berücksichtigt werden sollten, um Frustration und Distanzierung vom gestalterischen Arbeiten zu verhindern. Der an den Schülern orientierte Unterricht ermöglicht es jedem Schüler, in seinem eigenen Lerntempo voranzuschreiten, eigene Lernwege zu gehen und verschiedene Techniken auszuüben, die den eigenen Fähigkeiten entgegenkommen. Die Gemeinsamkeit unter den Schülern bleibt durch die Überthematiken dennoch erhalten und der Austausch im Anschluss ist weiterhin möglich.

Als dominierende Unterrichtsprinzipien sind bei allen Stationen die Schülerorientierung und Handlungsorientierung aufzuführen. Schülerorientierung meint, dass der Lehrer in den Hintergrund tritt und nicht mehr im Mittelpunkt der Interaktion steht. Er wird zum Beobachter, Berater und Moderator. Seine Aufgabe ist nicht das Strukturieren und Darbieten des Lerngegenstandes in kleinsten Schritten, sondern durch die vorbereiteten Stationen eine Lernatmosphäre zu schaffen, in der Schüler sich Unterrichtsinhalte eigenständig erarbeiten bzw. Lerninhalte festigen und vertiefen können. Der Lehrer sollte darauf achten, dass begonnene Stationen auch zu Ende gebracht werden. Handlungsorientierung meint, dass das angebotene Material und die Arbeitsaufträge größtenteils für sich selbst sprechen. Der Unterrichtsgegenstand und die zu gewinnenden Erkenntnisse werden nicht durch den Lehrer dargeboten, sondern durch die Auseinandersetzung mit dem Material und die eigene Tätigkeit gewonnen und begriffen.

Die Thematiken dieser Arbeitsmappe greifen häufig in die Arbeitsbereiche anderer Fächergruppen über und ermöglichen somit einen kreativen, fächerübergreifenden Unterricht in der Sekundarstufe I. Auch fachfremden Lehrkräften ist es mit dieser Arbeitsmappe möglich, einen schöpferischen und ideenreichen Kunstunterricht zu gestalten. Alle Informationen, die die Schüler für die Bearbeitung der Stationen benötigen, werden auf den Arbeitsblättern vermittelt, oder es wird auf entsprechend ergänzendes Material, das die Lehrkraft organisieren sollte, in der Materialaufstellung hingewiesen. Die vorliegenden Arbeitsblätter sind in allen Schulformen einsetzbar.

---

[1] Aufgrund der besseren Lesbarkeit werden in diesem Buch ausschließlich die männlichen Formen verwendet. Wenn von Schüler gesprochen wird, ist immer auch die Schülerin gemeint, ebenso verhält es sich mit Lehrer und Lehrerin.

Eine besondere Stellung sollte die Präsentation der Arbeitsergebnisse einnehmen. Die arbeitsreichen Ergebnisse werden so entsprechend gewürdigt. Es können an dieser Stelle auch Erfahrungen über die verschiedenen Techniken ausgetauscht und entsprechend über die Arbeitsergebnisse und das Arbeitsverhalten reflektiert werden.

Insgesamt sind die Stationen darauf ausgerichtet, die Schüler für den Kunstunterricht zu motivieren, sie in ihrer alterstypischen Abenteuerlust und ihrem Forscherdrang zu packen und in verschiedene Techniken der bildnerischen Kunst einzuführen.

Marco Bettner und Erik Dinges

Laufzettel

für _____

Pflichtstationen

Stationsnummer	erledigt	kontrolliert
Nummer _____		
Nummer _____		
Nummer _____		
Nummer _____		
Nummer _____		
Nummer _____		
Nummer _____		

Wahlstationen

Stationsnummer	erledigt	kontrolliert
Nummer _____		
Nummer _____		
Nummer _____		
Nummer _____		

Geister und andere Ungeheuer

Lehrerinformation

Die Gedanken der Schüler in der 5. und 6. Jahrgangsstufe sind hauptsächlich geprägt von Abenteuerlust, fantastischen Ideen und Tagträumereien. Dies spiegelt sich auch in der entsprechenden Kinder- und Jugendliteratur für 10–12-Jährige, die oft Elemente aus Fantasie und Wirklichkeit vermischen. Die Schüler sollen lernen, Erlebtes, auch Erträumtes und Erfundenes kreativ in Worte zu fassen und im Fachbereich Kunst in Bildern auszudrücken. Es soll in dieser Stationenarbeit besonders darum gehen, eigene fantastische Vorstellungen anschaulich und kreativ umzusetzen und dabei spielerisch mit verschiedenen Techniken und Farben umzugehen. Hervorragend eignet sich dafür die Welt der Geister und Ungeheuer, die es den Kindern ermöglicht, ihre Imagination frei zu entfalten. In der Welt der Geister und Ungeheuer gibt es keine Regeln, alles ist möglich. Zur Einführung in diese Welt wäre es sinnvoll, mit der Klasse einige Bilder mit stark erzählerischem Inhalt (z. B. von James Rizzi „The best art is a good heart") beispielhaft zu betrachten.

Materialaufstellung

Station 1 Das Nachtgespenst

- entsprechende Anzahl an Kopien des Gedichts
- weiße Blätter Papier (DIN A4)
- Bleistifte
- Buntstifte / Filzstifte

Das Gedicht eignet sich hervorragend für einen fächerübergreifenden Unterricht mit dem Fach Deutsch.

Station 2 Mein gruseligstes Erlebnis

- Schmierpapier für Notizen
- Stifte
- Folien
- farbige Folienstifte
- Lineale
- Scheren
- für die spätere Präsentation: Tageslichtprojektor

Den Schülern sollte im Anschluss an die Erarbeitung genügend Zeit eingeräumt werden, ihre eigene Geschichte zu erzählen. Sie könnten auch einen Geschichtennachmittag gestalten, an dem ergänzend einige andere Gruselgeschichten vorgelesen und die Arbeitsergebnisse präsentiert werden.

Station 3   Verhexte Kostüme

Schülerarbeit auf S. 79

- entsprechende Anzahl an Kopien der Vorlage
- Bleistifte
- Buntstifte
- Scheren
- Kleber
- verschiedenfarbige Bögen Tonpapier

Die Lehrkraft sollte hier die Organisation der Bilderstapel unterstützen und darauf achten, dass die zwei Hälften ordentlich zusammengeklebt werden, damit ein einheitliches Bild entsteht.

Station 4   3-D-Monster

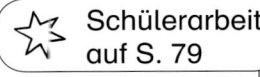
Schülerarbeit auf S. 79

- je 2 weiße Bögen Tonpapier (DIN A4)
- Lineale
- Bleistifte
- Scheren
- Kleber
- Filzstifte

Eventuell ist hier Unterstützung bei der Bearbeitung notwendig.

Station 5   Schauerliche Bedrohung in der Großstadt

Schülerarbeit auf S. 79

- Zeitungspapier
- je 1 schwarzer Bogen Tonpapier (DIN A4)
- Bleistifte
- Scheren
- Kleber
- je 1 weißes Blatt Papier (DIN A4)
- Filzstifte

Station 6   Der Blick durchs Schlüsselloch

Schülerarbeit auf S. 79

- je 1 Schuhkarton
- Bleistifte
- spitze Scheren
- Acrylfarbe
- Pinsel
- je 1 weißes Blatt Papier (DIN A4)
- Lineale
- Kleber
- Buntstifte

Station 7   Schauerliche Fleckenmonster

Schülerarbeit auf S. 79

- je 1 Blatt Aquarellpapier
- Wasser
- Pinsel
- farbige Tinte
- je 1 schwarzer Filzstift

Das Nachtgespenst

Name:
_____

So wird's gemacht:

① Lies dir das Gedicht genau durch.

 Streiche dir die wichtigsten Stellen im Gedicht an.

② Schließe die Augen und überlege, wie du das Gedicht am besten zeichnerisch umsetzen könntest.

③ Nimm dir ein weißes Blatt Papier und einen Bleistift.

④ Zeichne nun ein Bild zu diesem Gedicht.

⑤ Male es anschließend mit Buntstiften oder Filzstiften aus.

Das Nachtgespenst
(von Barbara Rhenius)

Ich weiß genau, dass du es kennst:
das gruselige Nachtgespenst!
Um Mitternacht – du träumst, du pennst:
Dann kommt es an, das Nachtgespenst!
Du bibberst, jammerst, stöhnst und flennst:
Es fasst dich an das Nachtgespenst!
Und wenn du um dein Leben rennst:
Es packt dich doch das Nachtgespenst!
Und wenn das Zauberwort du nennst,
dann fürchtet sich das Nachtgespenst!
Sag laut und deutlich: Katzendreck!
– Dann rennt es weg …

Aus: „Pusteblume, Das Lesebuch 4"
© 1996 Bildungshaus Schulbuchverlage Wester-
mann Schroedel Diesterweg Schöningh Winklers
GmbH, Braunschweig, www.schroedel.de, Seite 28

Julia Dahmer: Kunst an Stationen. Klasse 5/6
© Auer Verlag GmbH, Donauwörth

Station 2

Mein gruseligstes Erlebnis

Name:

So wird's gemacht:

① Erinnere dich an dein gruseligstes Erlebnis.

Falls dir wirklich gar nichts einfällt, denke dir ein gruseliges Erlebnis aus.

② Beschreibe das Erlebnis in wenigen Stichworten auf einem Blatt Papier und überlege dir, wie du daraus eine Bildergeschichte mit höchstens 8 Bildern gestalten könntest.

③ Nimm dir eine Folie, einige Folienstifte und eine Schere.

④ Teile die Folie mit Folienstift und Lineal in 8 gleich große Teile.

⑤ Male jetzt dein gruseligstes Erlebnis in die 8 Folienteile.

⑥ Schneide die Teile auseinander.

⑦ Später kannst du dein gruseligstes Erlebnis wie eine Dia-Aufführung mithilfe eines Tageslichtprojektors und deinen Folien deinen Mitschülern erzählen.

Julia Dahmer: Kunst an Stationen. Klasse 5/6
© Auer Verlag GmbH, Donauwörth

Verhexte Kostüme

Name:

Alex feiert jedes Jahr die gruseligste Kostümparty des ganzen Jahrgangs. Jeder gibt sich besonders viel Mühe, ein unheimliches, erschreckendes Kostüm zu kreieren. Doch dieses Jahr passiert etwas Seltsames. Die Feier ist in vollem Gange, als plötzlich ein helles Licht alles verändert. Maike ist eigentlich als Hexe verkleidet, doch als sie an sich herunterschaut, sieht sie, dass sie die Skelettbeine von Dominik anhat. Tim hingegen trägt Lisas Hexenrock und Lara ist unterhalb der Hüfte auf einmal keine Schlangenfrau mehr, sondern ein Vampir. Nichts passt mehr zusammen.

So wird's gemacht:

① Nimm dir die Vorlage und einen Bleistift.

② Zeichne jetzt eine Person mit einem unheimlichen, erschreckenden Kostüm auf dem Weg zu Alex' Party. Achte darauf, dass der Oberkörper genau an der Markierung aufhört und der Unterkörper dort beginnt.

③ Male dein Bild mit Buntstiften kräftig aus.

④ Schneide nun das Bild entlang der gestrichelten Linie auseinander.

⑤ Lege deine zwei Bildhälften auf die Stapel und warte, bis jedes Kind sein Bild gemalt und zerschnitten hat.

⑥ Mischt nun jeweils alle Bildhälften eines Stapels durcheinander und sucht euch je 2 unterschiedliche Hälften aus.

⑦ Nimm die beiden Hälften und klebe sie auf ein Blatt Tonpapier.

 Achte darauf, dass die Hälften genau ineinander übergehen.

Julia Dahmer: Kunst an Stationen. Klasse 5/6
© Auer Verlag GmbH, Donauwörth

Vorlage: Verhexte Kostüme

Julia Dahmer: Kunst an Stationen. Klasse 5/6
© Auer Verlag GmbH, Donauwörth

3-D-Monster

Name:

So wird's gemacht:

① Falte einen weißen Bogen Tonpapier einmal in der Mitte. Falte ihn anschließend noch einmal, sodass durch die Knicke vier gleich große Kästchen entstehen.

⚠ Achte darauf, dass die Kanten genau aufeinander liegen.

② Lege das Papier jetzt quer aufgefaltet vor dich hin.

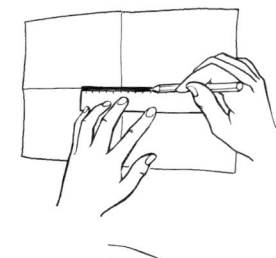

③ Zeichne auf der Längsfalte mit Lineal und Bleistift in die Mitte einen 10 cm langen Strich, sodass dieser von der hochkanten Falte genau halbiert wird.

④ Schneide jetzt vorsichtig mit einer Schere am Strich entlang.

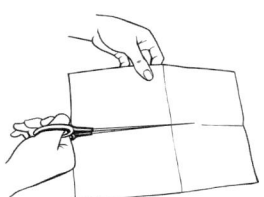

👍 Falte das Blatt dazu wieder einmal zusammen.

⑤ Lass das Papier in der Hälfte gefaltet und knicke das Papier am Schnitt zu beiden Seiten dreieckig um. Es sieht jetzt so aus, als würde ein Dreieck im Papier fehlen. Spure den Knick noch einmal mit Druck nach. Klappe die Ecken wieder auf und falte sie noch einmal in die andere Richtung.

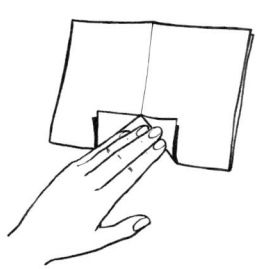

⑥ Falte jetzt das Papier auseinander.

⑦ Lege deinen Daumen in den Einschnitt und ziehe vorsichtig die Ecken deiner Dreiecke nach innen. Dabei schließt sich die Karte.

⑧ Spure jetzt die Knicke der geschlossenen Karte noch einmal nach.

⑨ Jetzt kannst du die Karte geöffnet vor dich legen.

Julia Dahmer: Kunst an Stationen. Klasse 5/6
© Auer Verlag GmbH, Donauwörth

Station 4

3-D-Monster

So wird's gemacht:

⑩ Zeichne nun um den Einschnitt und entlang deiner Faltungen ein Monstermaul und anschließend den Körper rundherum.

⑪ Male anschließend das Bild mit Filzstiften aus.

 Denke daran, auch die Innenseite des Mauls auszumalen.

⑫ Nimm jetzt noch ein weiteres weißes Tonpapier. Falte es zunächst, wie du das erste Blatt gefaltet hast. Knicke jetzt die geschlossene Ecke, unter der sich die Mitte des Blattes verbirgt, 5 cm um.

⑬ Falte das Blatt wieder auseinander. Entstanden ist jetzt ein Rechteck in der Mitte des Blattes. Dies ist die Innenseite deines Monstermauls.

⑭ Male in das Rechteck eine Zunge und was sonst noch in ein Monstermaul gehört.

⑮ Streiche nun um die Innenseite des Monstermauls und am Rand des zweiten Kartons Kleber.

 Denke daran, dass kein Kleber auf das Maul kommt.

⑯ Lege jetzt dein Monstergesicht genau Kante auf Kante auf den zweiten Karton und drücke die beiden Kartons fest aneinander.

⑰ Klebe noch einige Monsterzähne aus Papier in das Maul.

Julia Dahmer: Kunst an Stationen. Klasse 5/6
© Auer Verlag GmbH, Donauwörth

Station 5

Schauerliche Bedrohung in der Großstadt

Name:

So wird's gemacht:

① Nimm dir eine Zeitung und schneide einige unterschiedlich lange und unterschiedlich breite Streifen heraus.

 Sie sollten nicht länger als 20 cm sein.

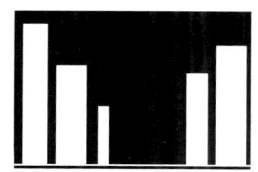

② Klebe die Streifen jetzt hochkant auf ein schwarzes Tonpapier, das quer vor dir liegt.

 Lass in der Mitte einen mind. 7 cm großen Spalt frei.

③ Male mit einem schwarzen Filzstift in deine Zeitungspapierstreifen schwarze Kästchen rein, sodass jeder Streifen wie ein Hochhaus in der Nacht aussieht.

④ Nimm dir jetzt ein weißes Blatt Papier und entwerfe ein Monster, dass bei Nacht deine Hochhausstadt bedrohen soll.

 Dein Monster muss zwischen die Hochhäuser passen und sollte daher nicht breiter als 7 cm sein.

⑤ Male dein Monster mit Filzstift an.

 Nutze kräftige Farben, damit es in der dunklen Nacht besonders heraussticht.

⑥ Schneide dein Monster aus.

⑦ Klebe das Monster in den Spalt, den du zwischen den Hochhäusern freigelassen hast.

Station 6

Der Blick durchs Schlüsselloch

Name:

Du bist mit deinen zwei besten Freunden unterwegs auf einer Abenteuerreise durch Schottland. Es dämmert schon leicht, und ihr seid auf der Suche nach einer Unterkunft. Da entdeckt ihr ein altes Schloss. Aber irgendwie sind euch das Schloss und die Umgebung etwas unheimlich. Überall knirscht und raschelt es, und wenn man genau horcht, hört man rätselhaftes Gelächter. Deshalb beschließt du, erstmal durchs Schlüsselloch zu gucken. Doch was siehst du da?

So wird's gemacht:

① Nimm dir einen Schuhkarton und einen Bleistift.

② Zeichne über die gesamte Länge des Schuhkartondeckels ein Schlüsselloch.

③ Schneide dieses mit einer spitzen Schere aus.

④ Bemale den Deckel deines Schuhkartons mit Acrylfarbe, sodass er einer Schlosstür ähnelt.

 Benutze dafür z. B. braune, graue, silberne oder goldene Farbe.

⑤ Jetzt brauchst du ein Blatt weißes Papier, einen Bleistift und Buntstifte.

⑥ Stelle deine Kartonunterseite auf das Papier und markiere den Umriss.

⑦ Jetzt ziehst du einen halben Zentimeter von jeder Seite ab und zeichnest das Rechteck mit Lineal und Bleistift innerhalb deiner Umrandung.

⑧ Skizziere nun im Hochformat in dieses kleinere Rechteck, was du hinter dem Türschloss vermutest, und male deine Zeichnung dann aus.

⑨ Schneide dein Rechteck aus.

⑩ Wenn du mit deinem Bild fertig bist, klebst du es in den Karton hinein.

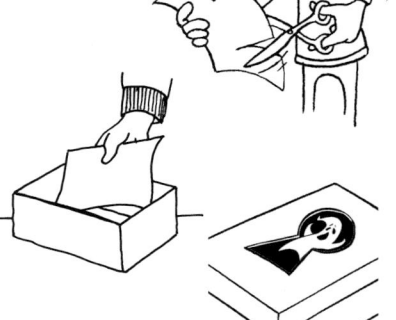

⑪ Schließe den Karton mit deinem Deckel.

Julia Dahmer: Kunst an Stationen. Klasse 5/6
© Auer Verlag GmbH, Donauwörth

Schauerliche Fleckenmonster

Name:

Kennst du sie auch, die kleinen Fleckenmonster? Aus einem kleinen Tropfen Saft oder Tinte wird auf einem T-Shirt oder einem Schulheft gleich ein richtig böser Fleck. „Oh Mann, hoffentlich bekomme ich dafür keinen Ärger!", denkt man sich da meistens. Hier ist es deine Aufgabe, die wahren Übeltäter dieser Kleckse vergrößert zu zeigen.

So wird's gemacht:

① Nimm dir ein Blatt Aquarellpapier und bestreiche es leicht mit Wasser.

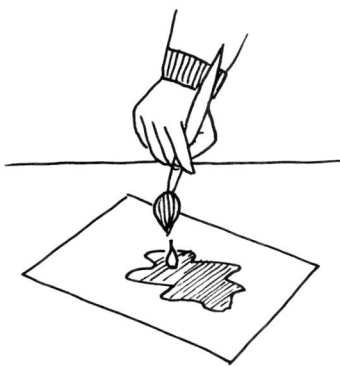

② Tropfe anschließend einen kleinen Klecks farbige Tinte auf das Papier. Wiederhole den Vorgang in einigem Abstand mit einer anderen Farbe, sodass einige unterschiedlich farbige Kleckse auf deinem Blatt entstehen.

③ Warte jetzt, bis die Kleckse getrocknet sind. Kannst du sehen, wie sich viele kleine Fäden von dem Klecks weg ziehen, als wäre er elektrisch geladen?!

④ Male jetzt mit einem schwarzen Filzstift kleine Monster aus deinen Klecksen, indem du die Kleckse als Körper oder Kopf nutzt.

Julia Dahmer: Kunst an Stationen. Klasse 5/6
© Auer Verlag GmbH, Donauwörth

Auf den Spuren der Vergangenheit

Lehrerinformation

Spielerisch und mit Entdeckungsfreude sollen sich die Schüler in dieser Stationsarbeit mit der Kunst alter Kulturen auseinandersetzen. Sie erlangen durch die Nachahmung verschiedener Techniken Kenntnisse über die Menschen jener Zeit, deren Lebensumstände und künstlerische Leistungen. Die Freude am Forschen und Erkunden wirkt besonders auf die Jungen motivierend und macht Lust auf Gestaltungsaufgaben und den Kunstunterricht im Allgemeinen. Zu jeder Station ist es sinnvoll, ergänzendes Bildmaterial zur Anregung für die Schüler zu besorgen, damit ihnen möglichst realistische Nachahmungen gelingen. Im Internet ist viel Material zu finden, sodass nicht zu jeder Thematik ein Buch angeschafft werden muss.

Literaturtipp:
Rainer Crummenerl: Versunkene Städte. Aus der Reihe „WAS IST WAS". Band 14. Nürnberg 2006.

Materialaufstellung

Station 1 Infotheke

- entsprechende Anzahl an Kopien des Arbeitsblatts
- Stifte
- evtl. zusätzlich Bücher und Bilder

Station 2 Höhlenmalerei im Rampenlicht

 Schülerarbeit auf S. 80

- Zeitungspapier
- je 1 weißes Blatt Papier (DIN A3)
- Scheren
- Kleister
- Küchenrolle (je ca. 4 Blätter)
- graue und schwarze Acrylfarbe
- Lineale (mind. 30 cm)
- Bleistifte
- Pastellkreiden (hauptsächlich Rot- und Brauntöne)

Es können einige beispielhafte Höhlenzeichnungen zur Anregung ausgelegt werden.

Station 3 Ägyptisches Geheimdokument

- entsprechende Anzahl an Kopien des ägyptischen Alphabetes
- je 1 weißes Blatt Papier (DIN A4)
- Pinsel
- Wasserfarbkästen (hier insbesondere die Farbe Ockergelb)
- Schmierpapier
- Stifte
- Federn / Tusche

Die hier vorgegebene Schreibweise der Hieroglyphen ist schwer vereinfacht und soll hauptsächlich zur künstlerischen Anregung dienen.
Ergänzend können die Hieroglyphen auch farblich ausgestaltet und durch ägyptische Bildszenen ergänzt werden.

Station 4   Bildhauer im alten Ägypten

Schülerarbeit auf S. 80

- einige beispielhafte Abbildungen von altägyptischen Reliefs
- selbsttrocknende Modelliermasse (mind. 250 g pro Schüler)
- Nudelhölzer (oder auch runde Glasflaschen)
- Spachtel
- Holzstäbchen (mit einer spitzen und einer flachen Seite)

Bei entsprechend verfügbarer Zeit können die Ergebnisse farblich ausgestaltet werden.

Station 5   Die Rüstung eines Römers

Schülerarbeit auf S. 80

- einige beispielhafte Abbildungen von römischen Legionärsrüstungen
- Zeichenkohle
- je 1 weißes Blatt Papier (DIN A4)

Literaturtipp:
Dr. Ernstl Künzl: Das alte Rom. Aus der Reihe „WAS IST WAS". Band 55. Nürnberg 2000.

Station 6   Lebendig begraben: Ausbruch des Vesuvs

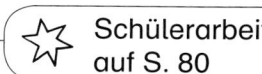
Schülerarbeit auf S. 80

- je 3 DIN-A4-Pappen (mind. 3 mm dick)
- Lineale
- Bleistifte
- Papiermesser
- doppelseitiges Klebeband
- je 3 Folien (Am einfachsten ist es, wenn die Lehrkraft im Vorfeld Klarsichtfolien auseinander-schneidet. Dann werden pro Kind nur 1,5 Klarsichtfolien benötigt.)
- einige Blätter weißes Papier (DIN A4)
- Pinsel
- Folienstifte
- Acrylfarbe

Station 7   Archäologen bei der Arbeit

Schülerarbeit auf S. 80

- Werbeprospekte
- Scheren
- je 1 weißes Blatt Papier (DIN A3)
- Kleber
- Bleistifte
- Borstenpinsel
- Wasserfarbkästen
- schwarze Filzstifte

Auf den Spuren der Vergangenheit

Viele Hunderte und sogar Tausende von Jahren ruhten Städte und Gegenstände des Altertums tief unter der Erde. Erst nach sehr langer Zeit begannen die Menschen, sich für ihre Vergangenheit zu interessieren und nach Mauern und Spuren alter Städte zu graben. Heute nennt man Wissenschaftler, die sich mit Ausgrabungen noch erhaltener frühgeschichtlicher Spuren beschäftigen, Archäologen (Altertumsforscher).

Wie Detektive suchen sie nach Resten vergangener Orte, um mehr über die Vergangenheit und das damalige Leben der Menschen zu erfahren. Mit viel Geduld und Vorsicht wird an ehemaligen Wohnorten und Grabfeldern nach Spuren früherer Menschen gesucht. Schicht für Schicht wird die Erde abgetragen und anschließend durchgesiebt, damit nichts verloren geht. Je tiefer der Fund in der Erde liegt, umso älter ist der Gegenstand meist.

Alle Fundgegenstände werden an ihrem Fundort fotografiert und von allen Objekten wird ein Fundplan gezeichnet. Denn die Lage eines Kruges oder Werkzeuges gibt häufig Hinweise auf den ursprünglichen Gebrauch.

Stück für Stück sammeln die Archäologen so Informationen über die Lebensweise, Lebensumstände und Kultur der damaligen Bevölkerung. Nach und nach entsteht ein lebendiges Bild der Vergangenheit.

Aber nicht nur die Wissbegierde lässt Menschen nach vergangenen Städten suchen, sondern auch die Gier nach Reichtum. Grabstätten verstorbener Herrscher waren häufig mit Schmuckstücken, Kelchen, Kronen und weiteren Schätzen bestückt. Rücksichtslose Schatzsucher wurden dadurch angezogen und hinterließen zerstörte und geplünderte Grabstätten.

Besonders die rätselhaften Bilderzeichen auf Pyramidenwänden, Papyrusrollen und Gräbern des alten Ägyptens stellten die Archäologen vor eine große Herausforderung. Erst im 19. Jahrhundert gelang es den Forschern, das Geheimnis dieser Bilderschrift zu entschlüsseln. Heute bezeichnen wir diese Bilderschrift als Hieroglyphen. So geheimnisvoll diese Schrift auch aussieht, so sind es doch meistens nur einfache Abbildungen, z. B. von Tieren, Getreide oder anderen wertvollen Dingen, die für den ägyptischen Hof gekauft wurden. So wissen wir heute, wofür die Pharaonen ihr Geld ausgaben. Außerdem wurden Arbeitsschritte des Alltags, wie die Jagd oder handwerkliche Tätigkeiten, beschrieben.

Grabräuber nutzen die Entschlüsselung der Hieroglyphen, um zu erfahren, in welchen Gräbern die größten Schätze zu finden sind.

In Reliefs, Malereien und Plastiken des alten Ägyptens sind auch die Glaubens- und Werteinstellungen der alten Ägypter überliefert. Die Funde des Archäologen Howard Carter, der im Jahre 1922 das unberührte Grab des Tutenchamun entdeckte, brachten detailreiche Erkenntnisse über Spiele, Schmuck und damals verwendete Waffen.

Eine herausragende Stellung in der Suche nach Spuren der Vergangenheit nimmt die Stadt Pompeji ein. Am 24. August 79 n. Chr. brach der Vesuv (Vulkan in Italien) aus und begrub Pompeji und seine Einwohner fast vollständig unter Gestein, Asche und Glutlawinen. Häuser, Menschen und Tiere wurden erschlagen oder erstickten in der Asche.

Julia Dahmer: Kunst an Stationen. Klasse 5/6
© Auer Verlag GmbH, Donauwörth

Infotheke

Durch die dicke Ascheschicht wurde die Stadt im Zustand dieses Moments hervorragend erhalten und konnte durch Ausgrabungen neu entdeckt werden. Häuser, Statuen, Münzen, Murmeln, Schmuck, Mosaike und viele weitere Gegenstände, die unter der Erde gefunden wurden, geben uns heute Aufschluss über die Zeit und das Leben der Römer. Pompeji an sich war keine bedeutende Stadt für die Römer, doch für die Erforschung ihrer Geschichte ist sie einzigartig. Sie ist die größte erhaltene Stadtruine der Welt.

Erstaunliche Rekonstruktionen ermöglichte die Technik von Giuseppe Fiorelli. Er goss die durch die Verwesung der Lebewesen entstandenen Höhlen im Vulkanstein mit Gips aus. So entstanden perfekte Körpergussformen der verstorbenen Individuen (Menschen und Tieren).

Lies den Text und beantworte folgende Fragen:

1. Warum müssen Archäologen an ihrem Arbeitsplatz besonders vorsichtig sein?

_____

_____

_____

2. Wie werden Funde behandelt?

_____

_____

_____

3. Was nutzen uns heute Funde aus der Vergangenheit?

_____

_____

_____

4. Hast du eine Idee, warum sich Archäologen besonders über Grabräuber ärgern?

_____

_____

_____

Knobelfrage:

5. Warum sind tiefer gelegene Funde meist auch älter?

_____

_____

_____

Höhlenmalerei im Rampenlicht

Auf den Spuren der Vergangenheit

In Mitteleuropa (hauptsächlich Südfrankreich und Nordspanien), Afrika und Asien wurden Höhlen entdeckt, in denen 30 000 Jahre alte erstaunliche Tiermalereien an den Wänden zu sehen sind. Die damaligen Künstler ritzten mit spitzen Steinklingen Pferde, Rinder, Mammuts, Rentiere oder ganze Jagdszenen in die Felswände. Anschließend wurden die Umrisse mit rotem Ton, Kreide oder Kohle in kräftigen Farben ausgemalt. Bis heute konnte die Tatsache nicht geklärt werden, warum die Zeichnungen weit entfernt von den eigentlichen Wohnräumen und Höhleneingängen liegen und meist schwer zugänglich sind.

So wird's gemacht:
1. Tag:

① Schließe die Augen. Stelle dir vor, du bist, nur mit einer Taschenlampe ausgerüstet, auf der Suche nach einer steinzeitlichen Höhlenmalerei. Um dich herum ist alles dunkel, nur der Schein der Taschenlampe zeigt dir den Weg und die Wände direkt vor dir. Da taucht plötzlich eine eindrucksvolle Höhlenzeichnung auf. Präge dir dieses Bild genau ein.

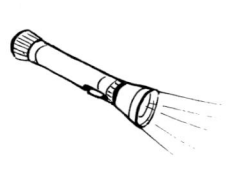

② Du brauchst ein Stück Zeitungspapier, das du mit einer Schere auf die Größe eines Zeichenpapierblattes (DIN A3) zuschneidest.

③ Bestreiche die Zeitung mit Kleister.

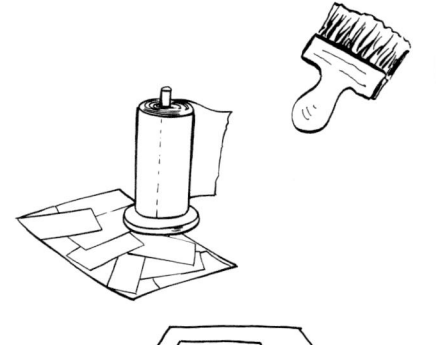

④ Nimm jetzt einige Blätter Küchenrolle und reiße daraus Vierecke (ca. 10 cm groß). Klebe diese kreuz und quer auf das Zeitungspapier.

⑤ Jetzt muss dein Hintergrund für die Höhlenmalerei erst einmal über Nacht trocknen.

Julia Dahmer: Kunst an Stationen. Klasse 5/6
© Auer Verlag GmbH, Donauwörth

Höhlenmalerei im Rampenlicht

Name:

2. Tag:

⑥ Male den Hintergrund mit grauer Acrylfarbe deckend an.

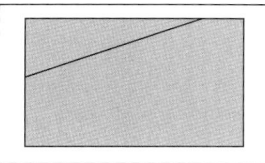

⑦ Lege, nachdem die Farbe getrocknet ist, ein Lineal an die linke untere Hälfte des Blattes und ziehe einen Strich über die gesamte Fläche, sodass er an der Oberseite des Blattes endet.

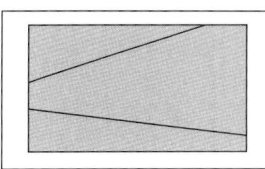

⑧ Ziehe nun einen weiteren Strich von der linken Seite (ca. 5 cm weiter unten) bis auf die gegenüberliegende rechte Seite. Entstanden ist jetzt der Lichtkegel deiner Taschenlampe.

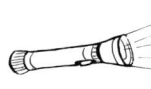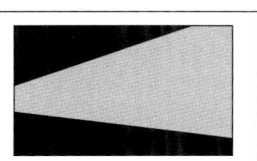

⑨ Male die äußeren beiden Flächen deckend mit schwarzer Farbe aus.

⑩ Zeichne jetzt in den Lichtkegel mit Kreide die Höhlenzeichnung, die du in deiner Vorstellung gesehen hast.

 Denke daran, was du zuvor über die Zeichnungen in Mitteleuropa, Afrika und Asien gelesen hast.

Ägyptisches Geheimdokument

Bei Ausgrabungsarbeiten in der Nähe der Cheops-Pyramiden machte ein Hilfsarbeiter einen bedeutungsvollen Fund. Zunächst hielt er das zerfledderte Stück Papier für eine vergammelte Brötchentüte, aber bei genauerem Hinsehen erkannte er einige seltsame Zeichen. Ähnliche hatte er schon mal im Zelt der Wissenschaftler gesehen, als er eine neue Lieferung mit Sieben, Taschenlampen und Lupen brachte. Mit seinem Fundstück in der Hand machte er sich auf den Weg zu den Zelten der Wissenschaftler. Prof. Dr. Bernd Findeviel brach in helle Aufregung und Euphorie aus. Schnell holte er seine Übersetzungstabelle und die wichtigsten Regeln der Hieroglyphenschrift hervor, um sich an die Übersetzung des Schriftstückes zu machen. Leider war aber nicht mehr alles zu erkennen.

a		g		l		r		z	
b		h		m		s		ch	
c		i		n		t		sch	
d		j		o		u		Frau	
f		k		p		w		Mann	

Regeln:

1. Nicht für jeden Buchstaben gibt es ein ägyptisches Zeichen. Schreibe wie du sprichst, z. B. x = ks.
2. Fehlende Buchstaben, wie z. B. e, werden einfach weggelassen.
3. Auch die Ägypter unterschieden zwischen männlich und weiblich, indem sie das entsprechende Zeichen für Mann oder Frau vor die Wörter zeichneten.
4. Ä, ö und ü werden in a, o und u umgewandelt.

Folgendes ist auf dem Pergamentpapier zu sehen:

Julia Dahmer: Kunst an Stationen. Klasse 5/6
© Auer Verlag GmbH, Donauwörth

Ägyptisches Geheimdokument

Auf den Spuren der Vergangenheit

So wird's gemacht:

① Übersetze zunächst, was noch auf dem Pergamentpapier zu erkennen ist.

② Nimm dir ein Blatt Papier, einen Pinsel und deinen Wasserfarbkasten.

③ Bestreiche nun das Blatt deckend mit Ockergelb.

④ Lass den Hintergrund gut trocknen.

⑤ Überlege dir, was weiterhin auf dem Zettel gestanden haben könnte und schreibe dies zunächst in unserer Schrift auf ein Schmierpapier.

⑥ Übersetze nun auf ein weiteres Schmierpapier deine Satzvollendung in Hieroglyphen.

⑦ Überprüfe alle Zeichen noch einmal.

⑧ Jetzt brauchst du eine Feder und Tusche.

⑨ Übertrage die Hieroglyphen, die auf dem Pergament noch zu lesen sind, auf den Hintergrund.

⑩ Ergänze nun deine Satzvollendung.

 Achte auf ein ägyptisch schönes Schriftbild.

Julia Dahmer: Kunst an Stationen. Klasse 5/6
© Auer Verlag GmbH, Donauwörth

Bildhauer
im alten Ägypten

Prof. Dr. Bernd Findeviel und einige weitere Archäologen stoßen bei ihren Forschungsarbeiten in den Pyramiden immer wieder auf Malereien und plastische Darstellungen aus den vergangenen Zeiten des alten Ägyptens. Zu sehen sind häufig Darstellungen im Zusammenhang mit dem Glauben an ein Weiterleben nach dem Tod sowie Tätigkeiten des Alltags. Die Gruppe der Archäologen ist so begeistert von den vielen Reliefs (hervortretende Gestaltung in der Fläche), dass sie eine Ausstellung in Deutschland planen. Doch bei der Überfahrt von Ägypten wird das große Containerschiff überfallen und die ägyptischen Kunstwerke bleiben verschwunden. Die Archäologen sind zutiefst enttäuscht, wollen aber nicht auf ihre Ausstellung verzichten. Sie engagieren einige junge Künstler, die versuchen, die altägyptischen Kunstwerke bestmöglich nachzubilden.

So wird's gemacht:

① Schaue dir Bilder von ägyptischen Reliefs an und überlege dir, welches Motiv du gerne gestalten möchtest.

 Eigene Kreationen sind natürlich auch möglich.

② Nimm ein Stück selbsttrocknende Modelliermasse und rolle sie mithilfe eines Nudelholzes ungefähr auf DIN A5 aus.

③ Drücke nun mit einem flachen Gegenstand (z. B. einem Spachtel) einen Rahmen entlang des Randes in die Modelliermasse.

④ Ritze mit der Spitze eines Holzstäbchens die Umrisse deines Motivs in die Modelliermasse.

⑤ Drücke mit der Rückseite des Holzstäbchens die Fläche, die um dein Motiv liegt, so ein, dass am Ende nur noch dein Motiv hervorsteht.

⑥ Gestalte nun mit der Spitze des Holzstäbchens die Feinheiten deines Motivs aus.

⑦ Jetzt muss dein Relief nur noch trocknen.

Julia Dahmer: Kunst an Stationen. Klasse 5/6
© Auer Verlag GmbH, Donauwörth

Die Rüstung eines Römers

Name:
_____

Es herrscht mal wieder helle Aufregung im Lager der Archäologen. Sie befinden sich zurzeit in Italien, in der Nähe der ehemaligen Stadt Pompeji, und sind auf der Suche nach Hinterlassenschaften der Römer. Aber das sie bereits etwas finden, bevor die vollständige Ausrüstung angekommen ist, und dann auch noch eine vollständige römische Legionärsrüstung, damit hätte keiner gerechnet. Doch um weiterarbeiten zu können, müsste der Fund an seinem Fundort erst fotografiert werden. Da aber keine Kamera vorhanden ist, muss eine detailgetreue Zeichnung der Rüstung an ihrem Fundort angefertigt werden.

So wird's gemacht:

① Lies dir genau durch, was zu einer typischen römischen Legionärsrüstung gehört, und schaue dir ergänzend dazu einige Bilder an.

② Nimm dir jetzt ein Blatt Zeichenpapier und ein Stück Kohle.

③ Zeichne nun die Rüstung an ihrem Fundort.

 Denke daran, dass die Rüstung nicht einfach auf der Erde liegt, sondern vielleicht einige Teile noch teilweise von Erde bedeckt sind. Eventuell liegen auch noch einige Werkzeuge der Wissenschaftler in der Nähe.

Typische Ausrüstung eines römischen Legionärs

- 2 Wurfspeere
- Kurzschwert
- Helm mit Nackenschutz und Wangenklappen
- Schienenpanzer
- Dolch
- Schild
- Schurz aus metallverzierten Lederriemen vor dem Unterleib
- Beinschienen

Information

„Letzte Wache"
Es wurde tatsächlich am Stadttor Pompejis der Leichnam eines römischen Legionärs gefunden. Ein Verbot des römischen Heeres hinderte ihn daran, bei herannahender Gefahr die Flucht zu ergreifen. So starb der Legionär beim Ausbruch des Vesuvs in voller Rüstung vor der Stadt.

Julia Dahmer: Kunst an Stationen. Klasse 5/6
© Auer Verlag GmbH, Donauwörth

Lebendig begraben:
Ausbruch des Vesuvs

Name:

Auf den Spuren
der Vergangenheit

Für eine Ausstellung über Pompeji und den Ausbruch des Vesuvs möchte Prof. Dr. Bernd Findeviel eine dreidimensionale Darstellung des Moments des Vulkanausbruchs anfertigen lassen. Er möchte den Menschen heute die damalige Sachlage veranschaulichen und beauftragt seine engsten Mitarbeiter mit der Ausgestaltung.

So wird's gemacht:

① Nimm dir 3 Pappen in der Größe DIN A4.

② Zeichne auf jede Pappe einen Rahmen mit einer Breite von 3 cm.

③ Schneide den Rahmen nun **vorsichtig** mit einem Papiermesser aus.

④ Klebe nun entlang des Rahmens doppelseitiges Klebeband.

⑤ Nimm dir jetzt 3 Folien.

⑥ Löse die Schutzfolie des doppelseitigen Klebebands und klebe auf jeden Rahmen eine Folie.

 Die Folien dürfen keine Falten werfen. Versuche, sie möglichst glatt anzubringen.

 Falls die Folie über den Rand steht, schneide sie ab.

⑦ Nimm dir jetzt 3 Blätter weißes DIN-A4-Papier und zeichne die folgenden 3 Szenen schemenhaft auf ein Blatt:
1. Hintergrundbild: Der ausbrechende Vesuv mit dunklem Himmel.
2. Mittelbild: Eine Person liegt auf der Wiese und bedeckt ihr Gesicht mit den Armen.
3. Vordergrundbild: Asche-, Stein- und Lavaregen über das gesamte Bild. Eine erste Ascheschicht, die sich in der Höhe der auf dem Gras liegenden Person ansammelt.

 Denke daran, dass du Bilder zeichnest, die in die Rahmen passen.

 Male möglichst einfache Motive mit wenig Details.

Julia Dahmer: Kunst an Stationen. Klasse 5/6
© Auer Verlag GmbH, Donauwörth

Lebendig begraben:
Ausbruch des Vesuvs

Name:

2x

⑧ Lege jetzt jeweils eine Zeichnung hinter einen mit Folie bespannten Rahmen und pause sie mit dem Folienstift durch.

⑨ Male die Zeichnungen auf den Folien mit Acrylfarbe aus.

 Nur das Hintergrundbild sollte komplett ausgemalt werden.

⑩ Um die Bilder zu einem Gesamtbild zusammenzufügen, klebst du auf die Rahmen des Hintergrund- und des Mittelbildes je 2 dicke Pappstreifen.

 Dieser Schritt ist notwendig, um einen größeren Abstand zwischen den Bildern und somit mehr Räumlichkeit im Gesamtbild zu erzeugen.

⑪ Klebe jetzt den Rahmen des Mittelbildes auf die Pappstreifen des Hintergrundbildes und anschließend den Rand des Vordergrundbildes auf die Pappstreifen des Mittelbildes.

Achte darauf, dass die Rahmen genau übereinander-liegen.

Julia Dahmer: Kunst an Stationen. Klasse 5/6
© Auer Verlag GmbH, Donauwörth

Archäologen bei der Arbeit

Auf den Spuren der Vergangenheit

Wir schreiben das Jahr 3025. Dr. Oliver Findeweiterhinviel, ein ferner Nachkomme des berühmten Prof. Dr. Findeviel, ist ebenfalls Archäologe und auf der Suche nach Hinterlassenschaften aus dem 21. Jahrhundert. Einige Luftbilder weisen auf Spuren in der Nähe eines verlassenen Hügels hin. Was er da wohl finden wird?

So wird's gemacht:

① Durchstöbere einige Werbeprospekte und entscheide dich, was dein Archäologe in 1000 Jahren aus unserer Zeit finden wird.

 Du solltest dich für 4–8 Gegenstände entscheiden.

② Schneide die Bilder zunächst sorgfältig aus.

③ Nimm dir nun ein Blatt Zeichenblockpapier und zeichne mit Bleistift den Hügel ein, auf dem der Archäologe unsere Hinterlassenschaften finden wird.

④ Male nun mit Wasserfarben die Fläche über deinem Hügel als Himmel mit einem leichten Blauton an.

⑤ Klebe jetzt in den unteren Bereich deine ausgeschnittenen Gegenstände auf.

Julia Dahmer: Kunst an Stationen. Klasse 5/6
© Auer Verlag GmbH, Donauwörth

Archäologen bei der Arbeit

Name:

⑥ Nimm jetzt einen Borstenpinsel und tupfe mit vielen verschiedenen Brauntönen deinen Hügel aus.

 Durch das Tupfen entsteht der Eindruck von aufgewühlter Erde. Tupfe an manchen Stellen vorsichtig Farbe über die aufgeklebten Gegenstände, damit es so aussieht, als würden sie teilweise noch in der Erde stecken.

 Wenn du den unteren Teil des Hügels mit dunklerem Braun betupfst und ihn nach oben immer heller werden lässt, entsteht eine räumliche Wirkung.

⑦ Lasse dein Bild einen Moment trocknen.

⑧ Male zunächst mit Bleistift einen Archäologen, der über den Hügel gelaufen kommt.

 Denke daran, dass die Szene in 1000 Jahren spielt. Wahrscheinlich trägt er besondere Kleidung und hat modernste technische Arbeitsgeräte dabei.

⑨ Spure nun die Umrisse des Archäologen mit einem schwarzen Filzstift nach.

⑩ Male den Archäologen mit Wasserfarbe und einem dünnen Pinsel aus.

Julia Dahmer: Kunst an Stationen. Klasse 5/6
© Auer Verlag GmbH, Donauwörth

Schreiben und Entziffern

Lehrerinformation

Diese Stationsarbeit soll zu einer spielerischen Auseinandersetzung mit Schriftarten und -zeichen anregen. Neben den Gestaltungsvariationen geht es hier auch darum, die Inhalte von Wörtern bildnerisch umzusetzen und somit Schrift und Bild zu kombinieren. Die Schüler sollen durch das eigene Gestalten verstehen, dass die Farb- und Formenwahl der Buchstabendarstellung eine Auswirkung auf den Betrachter hat. Der Entwurf einer neuen Schrift und die Entfremdung der vertrauten Schrift erlaubt den Schülern eine intensive Auseinandersetzung und ein fantasievolles Experimentieren mit den Grundformen von Schrift.

Materialaufstellung

Station 1   Wort im Bild

Schülerarbeit auf S. 81

- je 1 weißes Blatt Papier (DIN A4)
- Bleistifte
- Buntstifte

Station 2   Kryptografie

- entsprechende Anzahl an Kopien der Alphabet-Tabelle
- Papier
- Stifte

Station 3   Biegsame Schreibwerkstatt

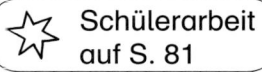
Schülerarbeit auf S. 81

- Flachzangen (Es sollten hier mehrere zur Verfügung stehen, damit einige Schüler gleichzeitig an dieser Station arbeiten können.)
- Draht (Ø 2 mm)

Diese Station erfordert von den Schülern besondere Fingerfertigkeit. Das Biegen kann sehr mühsam sein und sollte daher nicht unter Zeitdruck stattfinden.

Station 4   Gestalten eines Firmenlogos

Schülerarbeit auf S. 81

- Zeitschriften und Werbeprospekte, damit sich die Schüler einige Firmenlogos anschauen können
- Schmierpapier
- Bleistifte
- weißes DIN-A4-Papier
- Filzstifte
- Tonpapier (mindestens DIN A3)
- Kleber
- eventuell: Scheren

Diese Station bietet sich besonders an, um das Präsentieren von eigenen Ergebnissen zu trainieren. Die Schüler können die Entstehung ihrer Arbeit von den Überlegungen bis zum Endprodukt beschreiben, ihre Auswahl durch einige Argumente rechtfertigen und das Resultat selbstkritisch bewerten.

Station 5   Buchstabenbauwerk

Schülerarbeit
auf S. 81

• Tonpapier
• Filzstifte

Ergänzend können hier einige Zeitschriften herangezogen werden, aus denen die Schüler ihr gewähltes Wort heraussuchen, ausschneiden und collagenartig mit in ihr Werk einarbeiten.

Station 6   Buchstabensalat im Computer

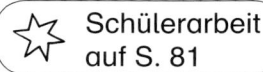
Schülerarbeit
auf S. 81

• entsprechende Anzahlen von Kopien des Computers
• Bleistifte
• schwarze, graue und grüne Fineliner (dünne Filzstifte)

Station 7   Graffiti

• Schmierpapier
• Bleistifte
• Pappe
• Acrylfarben
• Pinsel

Bei dieser Station können die Schüler der Kunst in ihrem Alltag begegnen. Untersuchen Sie die nähere Umgebung der Schule. Eventuell finden Sie einige interessante Graffitis und können diese gemeinsam mit der Klasse betrachten. Dies kann besonders motivieren, sich mit der Thematik Schrift auseinanderzusetzen. Weisen Sie aber unbedingt darauf hin, dass das Anbringen von Graffitis strafbar ist.

Wort im Bild

So wird's gemacht:

① Überlege dir ein Wort, das du gut seinem Inhalt entsprechend darstellen kannst.

② Nimm dir ein Blatt Papier und einen Bleistift.

③ Schreibe jetzt dein Wort einmal groß über das ganze Blatt.

④ Gestalte das Wort durch charakteristische Details aus.

⑤ Male dein Wort mit Buntstiften kräftig aus.

Julia Dahmer: Kunst an Stationen. Klasse 5/6
© Auer Verlag GmbH, Donauwörth

Kryptografie

Als Kryptografie (Geheimschrift) bezeichnet man Verfahren, die sich mit der Ver- und Entschlüsselung von Informationen beschäftigen. Geheimschriften dienen dazu, Nachrichten, die nicht für Dritte bestimmt sind, verschlüsselt weiterzugeben. Entschlüsseln kann der Empfänger die Nachricht nur, wenn er den entsprechenden Schlüsselcode kennt. Wäre es nicht super, eine eigene Geheimschrift mit deinen Freunden zu haben?

So wird's gemacht:

①   Nimm dir einen Stift und die Alphabet-Tabelle.

②   Überlege dir für jeden Buchstaben ein geheimes Zeichen / Symbol oder ein kleines Bild und trage es in deine Tabelle ein.

    Pass auf, das nicht jeder deine Tabelle sehen kann, denn sonst ist sie nicht mehr geheim!

    Halte die Zeichen einfach, damit es nicht zu aufwendig wird, Nachrichten in deiner Geheimschrift zu verfassen.

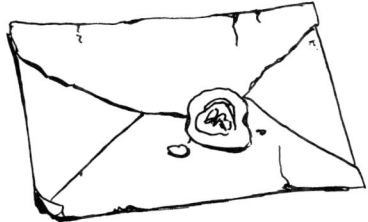

③   Schreibe nun einen Brief an deinen besten Freund, in dem du ein Geheimnis verrätst, dass sonst keiner wissen darf.

    Denke daran, dass der Empfänger eine Tabelle deines Alphabets benötigt, um die Nachricht zu entschlüsseln.
Je häufiger du in deiner Geheimschrift schreibst und liest, umso seltener benötigst du den Schlüsselcode zum Übersetzen.

Julia Dahmer: Kunst an Stationen. Klasse 5/6
© Auer Verlag GmbH, Donauwörth

Schreiben und Entziffern

Vorlage: Kryptografie

Schreiben und Entziffern

A	
B	
C	
D	
E	
F	
G	
H	
I	
J	
K	
L	
M	
N	
O	

P	
Q	
R	
S	
T	
U	
V	
W	
X	
Y	
Z	
Ä	
Ö	
Ü	

Julia Dahmer: Kunst an Stationen. Klasse 5/6
© Auer Verlag GmbH, Donauwörth

Biegsame Schreibwerkstatt

So wird's gemacht:

① Für jeden Buchstaben deines Namens brauchst du durchschnittlich 30 cm Draht. Rechne zunächst aus, wie viel Draht du zum Biegen deines Namens brauchst.

② Schneide nun ein entsprechend langes Stück Draht ab.

 Dein gesamter Name wird aus einem Stück geformt.

③ Schreibe deinen Namen in Schreibschrift auf ein Blatt Papier, ohne den Stift abzusetzen.

④ Nimm dir jetzt zur Unterstützung beim Biegen eine Zange. Damit kannst du Ecken und Richtungswechsel besser und schöner formen.

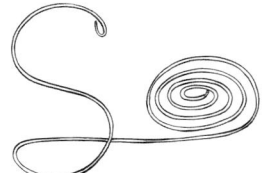

⑤ Biege zunächst das Anfangsstück einmal um, damit eine kleine Schlaufe entsteht.

⑥ Jetzt kannst du mit dem Ausarbeiten des ersten Buchstabens deines Namens beginnen.

 Die maximale Höhe sollte 14 cm nicht überschreiten.

⑦ Biege jetzt die restlichen Kleinbuchstaben.

 Die maximale Höhe sollte 5−6 cm nicht überschreiten.

⑧ Messe jetzt die Länge und Höhe deines Namens aus, um anschließend einen Rahmen herzustellen.

Julia Dahmer: Kunst an Stationen. Klasse 5/6
© Auer Verlag GmbH, Donauwörth

Schreiben und Entziffern

Biegsame Schreibwerkstatt

Schreiben und Entziffern

⑨ Die Gesamtlänge, die du für deinen Rahmen benötigst, errechnest du, indem du zweimal die Höhe und zweimal die Länge addierst.

⑩ Schneide dir jetzt ein entsprechend langes Stück Draht ab und biege daraus ein Rechteck mit deinen ausgemessenen Werten von Höhe und Länge.

⑪ Verbinde die beiden Endstücke durch ein 3 cm langes Drahtstück, indem du es wie eine Schlingpflanze um beide Enden herumwickelst.

 Drücke mit aller Kraft die Verbindung mit der Zange fest.

⑫ Schneide dir jetzt drei 1 cm lange Drahtstücke ab.

⑬ Fädele ein Drahtstück durch die Schlaufe deines Anfangsbuchstabens, und biege anschließend mithilfe der Zange einen Halbkreis.

⑭ Lege nun die entsprechende Seite des Rahmens durch den Halbkreis und schließe ihn mithilfe der Zange.

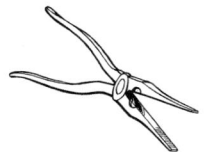

⑮ Befestige deinen Namen an zwei weiteren Stellen des Rahmens, indem du erst wieder einen Halbkreis formst, anschließend Namen und Rahmen einlegst und hinterher den Halbkreis mit der Zange schließt.

⑯ Verziere abschließend den Rahmen noch mit eigenen Kreationen aus Draht, z. B. Blumen, Pfeile, Blitze usw.

 Befestige deine Gegenstände, indem du sie wieder wie eine Schlingpflanze um den Rahmen wickelst und anschließend mit der Zange festdrückst.

Julia Dahmer: Kunst an Stationen. Klasse 5/6
© Auer Verlag GmbH, Donauwörth

Gestalten eines Firmenlogos

Die Marketingabteilung eines berühmten Fastfood-Unternehmens hat die Aufgabe, den Namen ihres Unternehmens in einem neuen Design zu präsentieren und somit ein neues, auffallendes Firmenlogo zu entwerfen.

Das Logo einer Firma stellt den besonderen Charakter eines Unternehmens dar und dient dazu, es von der Konkurrenz abzuheben. Besonders bedeutsam bei der Gestaltung sind die Firmenfarbe und der Schrifttyp. Wichtig ist, dass jeder es wiedererkennt, die Filialen dadurch auffallen, besser besucht werden und letztlich die Verkaufszahlen dadurch gesteigert werden. Du, als Marketingdirektor, musst natürlich die besten, eindrucksvollsten Entwürfe beim Chef vorlegen.

So wird's gemacht:

① Schaue dir einige Firmenlogos an. Achte darauf, wie sie auf dich wirken und welche Mittel (Farben, Schriftart, Formen usw.) besonderen Eindruck bei dir hinterlassen.

② Nimm dir einen Stift und ein Schmierpapier und mache dir zunächst ein paar Skizzen zu deinen Ideen.

 Nutze einige grafische Mittel zur Verbesserung der Auffälligkeit, indem du Formen, Muster, Farbe und Größe der Buchstaben gezielt einsetzt.

③ Gestalte jetzt auf einem weißen Papier deine beste Idee für das Firmenlogo. Nutze zur farblichen Ausgestaltung Filzstifte.

 Vielleicht fällt dir ja auch noch ein entsprechender Werbespruch ein, den du in dein Logo integrieren kannst.

④ Klebe jetzt dein Ergebnis in die Mitte eines schwarzen Tonpapiers. Außen herum kannst du deine ersten Entwürfe platzieren und so den Entwicklungsprozess deines Logos präsentieren.

⑤ Übe einen kurzen Vortrag ein, in dem du deinen Mitschülern deine Überlegungen und deinen Entwurf vorstellst.

Julia Dahmer: Kunst an Stationen. Klasse 5/6
© Auer Verlag GmbH, Donauwörth

Buchstabenbauwerk

So wird's gemacht:

① Überlege dir ein Bauwerk (z. B. Brücke, Burg, Kirche, Haus, Schloss usw.), das du bauen möchtest.

② Nimm dir ein Bogen Tonpapier und Filzstifte.

③ Zeichne dir grob mit Bleistift den Umriss deines Bauwerkes vor.

④ Beginne nun anstelle von Strichen mit dem Wort selbst den Gegenstand zu „bauen", indem du das Wort immer wieder schreibst.

 Variiere das Wort in Form, Richtung und Größe, um Veränderungen (z. B. ein Fenster) in deinem Bauwerk zu verdeutlichen.

⑤ Radiere nun deine Umrisslinien weg, damit sie nicht mehr zu sehen sind.

Julia Dahmer: Kunst an Stationen. Klasse 5/6
© Auer Verlag GmbH, Donauwörth

Buchstabensalat im Computer

Oh nein! Entsetzen! Alles ist weg! Der Computer ist abgestürzt und nichts bleibt übrig außer einem wirren Buchstabensalat.

So wird's gemacht:

① Nimm dir eine Vorlage mit dem abgedruckten Computerbildschirm.

② Zeichne mit Bleistift viele Hohlbuchstaben (Umrisse) in den Bildschirm hinein, die wild durcheinanderfallen und sich an mehreren Stellen überschneiden.

 Verwende Großbuchstaben in Blockschrift.

③ Zeichne in jeden Buchstaben ein Muster.

④ Spure die Buchstaben und deine Muster mit einem schwarzen Fineliner nach.

⑤ Male den Hintergrund schwarz aus.

⑥ Benutze zum Ausmalen der Buchstaben nur die Farben Grün und Grau.

Julia Dahmer: Kunst an Stationen. Klasse 5/6
© Auer Verlag GmbH, Donauwörth

Vorlage: Buchstabensalat im Computer

Name:

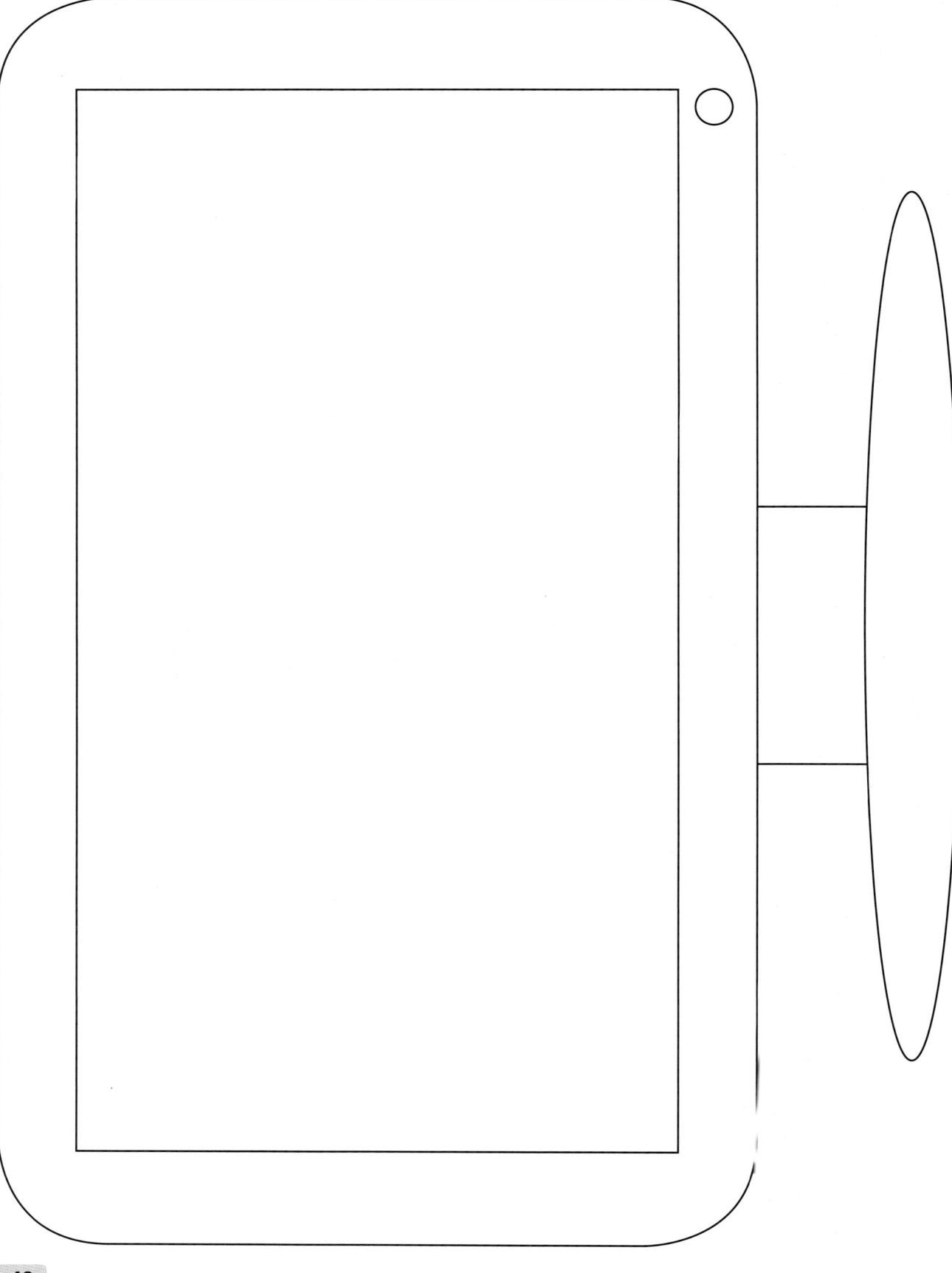

Graffiti

Graffiti, das heute auf vielen öffentlichen Gebäuden, Mauern oder Zügen zu sehen ist, hat seinen Ursprung in den 1970er-Jahren in New York. Aus einfachen Schriftzügen („Tags"), die ein Botenjunge (mit dem Künstlernamen „Taki183") immer wieder an sämtliche Wände in der New Yorker Innenstadt schrieb, wurde ein weitreichender Trend, den viele Jugendliche nachahmten. Mit dem Aufkommen der Sprühdose wurden die Graffitis immer anspruchsvoller, auffälliger und farbenfroher, und die Schriftzüge wurden durch Figuren ergänzt. Aus einfachen Schmierereien wurden bewundernswerte Kunstwerke, die sich schnell über die Grenzen New Yorks hinaus verbreiteten. Während Graffiti teilweise als Kunstform anerkannt ist, ist das nicht genehmigte Anbringen von Graffitis verboten und wird als Sachbeschädigung geahndet.

So wird's gemacht:

① Überlege dir ein Wort, dass du in Form eines Graffitis gestalten möchtest.

② Zeichne auf einem Schmierpapier zunächst einige Skizzen, um eine geeignete Buchstabenform und Schriftart zu finden.

 Achte darauf, dass sich alle Buchstaben berühren.

③ Verändere nun jeden Buchstaben, indem du z. B. Pfeile oder andere geometrische Formen an die Enden der Buchstaben anhängst und sie somit verlängerst.

④ Verbreitere jetzt einige Stellen deiner Buchstaben mit einem schwarzen Stift und schaffe somit Schatten, die deine Buchstaben dreidimensional aussehen lassen.

 Meistens wird der Schatten rechts an die Buchstaben gezeichnet.

⑤ Nimm nun ein Stück Pappe und einen Bleistift. Übertrage deine beste Idee vergrößert auf die Pappe.

⑥ Gestalte jetzt deinen Schriftzug mit verschiedenen Farben aus.

Schreiben und Entziffern

Julia Dahmer: Kunst an Stationen. Klasse 5/6
© Auer Verlag GmbH, Donauwörth

Kunst im Mittelalter

Das Mittelalter ist Thema des Geschichtsunterrichts der 6. Jahrgangsstufe. Diese Stationsarbeit ermöglicht fächerübergreifenden Unterricht. Hierdurch kann den Schülern das Mittelalter umfassend vermittelt werden. Neben den wichtigen Baustilen und Formen der Kunst lernen
sie auch einiges über die Lebensweise, den Alltag und die Einstellung der Menschen im Mittelalter. Eine besondere Möglichkeit bietet die Thematik auch hinsichtlich außerschulischer Lern-
räume, denn die Kunst des Mittelalters prägt durch die noch vielen erhaltenen romanischen
und gotischen Bauwerke (insbesondere Kirchengebäude) vielerorts das Stadtbild.

Materialaufstellung

Station 1   Infotheke

- entsprechende Anzahl an Kopien des Arbeitsblatts
- Stifte

Station 2   Mittelalterliche Holztafel

- einige beispielhafte Abbildungen von mittelalterlichen Holztafeln
- je 1 Holztafel (Es können auch Holzreste verwendet werden, sie sollten aber mind. DIN A4
  groß sein.)
- Acrylfarben
- Pinsel
- Bleistifte

Um die Holztafeln später aufhängen zu können, sollten entweder 2 Löcher hineingebohrt und
anschließend ein Kordel durchgeführt werden oder Aufhänger aus Metall angebracht werden.

Station 3   Dekorative Buchmalerei

 Schülerarbeit
auf S. 82

- cremefarbenes Tonpapier DIN A4
- Lineale
- Bleistifte
- Filzstifte
- Goldstifte

Auch hier könnten einige Beispiele von entsprechend gestalteten Seiten / Buchstaben die Krea-
tivität der Schüler anregen.

Station 4   Romanische Baukunst

Schülerarbeit
auf S. 82

- Kopien der Bauteile, am besten vergrößern Sie die Seiten auf DIN A3. Der Turm sollte mindestens in doppelter Ausgabe für jedes Kind zur Verfügung stehen
- dünne Pappen
- Kleber
- Scheren
- Buntstifte

Eventuell ist beim Zusammenbau der Bauteile etwas Unterstützung durch die Lehrkraft notwendig. Die Station ist sehr zeitintensiv und verlangt ein hohes Maß an Konzentration. Eine Vergrößerung der Vorlagen vereinfacht das Zusammenbauen.

 Falls in der Nähe der Schule eine romanische Kirche vorhanden ist, lohnt es sich, diese einmal zu besuchen, um die massive und wuchtige Wirkung dieser Gebäude zu spüren.

Station 5   Lichtdurchflutete Himmelsstadt

- entsprechende Anzahl an Kopien des Arbeitsblattes; Vorlage auf DIN A3 vergrößern
- schwarzes Tonpapier (DIN A3)
- einige unterschiedliche Farben Transparentpapier
- Kleber
- Scheren
- Papiermesser

Hinweis: Auf dem 20-€-Schein befinden sich gotische Fenster.
Im Jahre 2007 wurde eines der Fenster des Kölner Doms von Gerhard Richter neu gestaltet. Dieses könnte den Schülern als modernes Beispiel gezeigt werden.

Station 6   Mittelalterliche Schuhschau

Schülerarbeit
auf S. 82

- je 1 weißes Blatt Papier DIN A4
- Bleistifte
- mittelgroße Stoffreste
- Kleber
- Scheren
- Bogen farbiges Tonpapier (Hintergrund)
- Tonpapierreste
- Alufolie

Falls im Lehrerrepertoire vorhanden, könnten den Schülern auch noch einige Glitzersteine, Federn oder Ähnliches zur Verfügung gestellt werden.

Station 7   Zeitmessung

- 2 möglichst identische Gläser mit Schraubdeckel
- Kleber und Klebeband
- dünne Nägel
- Hammer
- gesiebter Vogelsand
- Uhr mit Sekundenzeiger
- Folienstifte

Eventuell müssen einige Schüler beim Arbeiten mit Nagel und Hammer unterstützt werden.

Infotheke

Kunst im Mittelalter

Im Mittelalter war Kunst vor allem auf Tafelbildern, in der Buchmalerei und in geistlicher Architektur (Kirchen und Klöster) vertreten. Die Motive hatten fast ausschließlich eine religiöse Thematik. Wie man noch heute in einigen Museen und Schlössern sehen kann, waren es sehr aufwendige Malereien, Mosaike und detailreiche Skulpturen.

Da der Großteil der Bevölkerung nicht lesen und die lateinische Messe in der Kirche nicht verstehen konnte, dienten die Bilder im Mittelalter auch dazu, der Bevölkerung religiöse Geschichten und christliche Prinzipien zu vermitteln. Um die Bilder möglichst ausdrucksstark zu gestalten, verwendeten die Künstler kräftige Farben. Auf eine räumliche Darstellung wurde weitestgehend verzichtet, die Figuren der Malereien waren zweidimensional angelegt. Die Holztafel etablierte sich als eigenständiger Träger für die Malerei und gilt als Vorgänger der Leinwand. Vor allem große Altarbilder für die Kirchen wurden auf Holztafeln gemalt.

Eine besondere Bedeutung in der Kunst des Mittelalters kommt der Buchmalerei zu. In den Klöstern war es Aufgabe der Mönche, Bücher herzustellen und zu vervielfältigen. Sie wurden mit Hand auf Pergament geschrieben und erhielten häufig kunstvolle Verzierungen. Besonders der erste Buchstabe wurde prachtvoll gestaltet, Seiten wurden mit Blumenranken oder kleinen Szenen geschmückt.

Der Baukunst des Mittelalters verdanken wir viele beeindruckende Kirchen, die noch heute in unseren Städten zu sehen sind. Der erste einheitliche Stil des frühen Mittelalters wird als **Romanik** (um 1000–1250) bezeichnet. Romanische Bauten erkennst du an wuchtigen, massiven Mauern und relativ kleinen Fenstern mit runden Bögen. Hauptmerkmal ist die Addition der einzelnen Baukörper. Gemeint ist damit, dass aus verschiedenen geometrischen Grundformen, wie Kegel, Pyramide oder Würfel, ein stimmiger Gebäudekomplex entwickelt wurde.

Um die Mitte des 12. Jahrhunderts setzte sich ein neuer Baustil, die **Gotik**, durch. Die Rundbögen der Romanik wurden durch sogenannte Spitzbögen ersetzt. Der Bau bestand nicht mehr aus Teilräumen, sondern wurde als eine Einheit aufgefasst. Die massiven Mauern des romanischen Baustils werden durch sogenannte Skelettbauten ersetzt. Dabei wird die Last der hohen Gewölbe auf die Eckpfeiler und einige Säulen übertragen. So konnten riesige, hallenartige Kirchen entstehen. Die hohen Fenster waren mit dekorativen, farbigen Glasmalereien geschmückt. Bezeichnet wird die geometrisch konstruierte Schmuckform als Maßwerk. Vorrangig setzt sich das Maßwerk aus Kreisen und Kreissegmenten zusammen. Die Vielzahl der großflächigen Fenster lassen gotische Kirchen leicht und lichtdurchflutet erscheinen. Binnen kürzester Zeit begannen Fürstentümer und Städte um die schönsten Kirchen zu wetteifern. Die Bevölkerung war bereit, die Kirchenbauten mit Geld, Material oder Arbeitskraft zu unterstützen, da sie davon ausgingen, Gott würde sie dafür belohnen.

Kunst im Mittelalter

Julia Dahmer: Kunst an Stationen. Klasse 5/6
© Auer Verlag GmbH, Donauwörth

Infotheke

In der Gotik wurde erstmalig die Bauleitung und Planung von Kirchen auch von weltlichen Planern und Handwerkern durchgeführt und nicht mehr ausschließlich von Klöstern. Es entstanden damit Berufe wie Baumeister, Bildhauer und Steinmetz.

Typisch für gotische Skulpturen sind überschlanke Gewandfiguren mit schwebend wirkenden Gestalten. Erst nach und nach wurden die zunächst in das Gemäuer einbezogenen Skulpturen zu frei stehenden Figuren.

Eines der bekanntesten Gebäude im gotischen Baustil ist der Kölner Dom.

Lies den Text und beantworte folgende Fragen:

1. Was waren die vorrangigen Themen der mittelalterlichen Kunst?

_____

_____

2. Welchen Nutzen hatte sie neben der Verzierung von Klöstern und Kirchen?

_____

_____

3. Worauf wurde im Mittelalter gemalt?

_____

_____

4. Hast du eine Idee, warum mittelalterliche Bücher so kostbar waren und heute noch sind?

_____

_____

5. Benenne die beiden wichtigsten Baustile des Mittelalters und erkläre ihre wichtigsten Merkmale.

_____

_____

_____

Kunst im Mittelalter

Gestalten einer mittelalterlichen Holztafel

Name:

So wird's gemacht:

① Siehe dir einige Holztafeln aus dem Mittelalter an.

② Überlege dir, welche biblische Szene du auf deine Holztafel malen möchtest (z. B. ein Engelschor oder die Reise der schwangeren Maria und ihres Mannes Josef nach Bethlehem).

③ Du brauchst für deine eigene Holztafel ein Stück Holz, Acrylfarben, einen Bleistift und einen Pinsel.

④ Male mit Bleistift die Szene skizzenhaft auf deiner Holzplatte vor.

⑤ Anschließend kannst du sie mit Acrylfarben ausmalen.

 Denke daran, was du über die Malerei im Mittelalter hinsichtlich der Farben und der Gestaltung gelernt hast, damit dein Werk dem Malstil des Mittelalters möglichst nahkommt.

⑥ Lasse deine Holztafel trocknen.

Julia Dahmer: Kunst an Stationen. Klasse 5/6
© Auer Verlag GmbH, Donauwörth

Dekorative Buchmalerei

So wird's gemacht:

① Du brauchst ein cremefarbenes Tonpapier, ein Lineal und einen Bleistift.

② Zeichne auf die linke Hälfte des Blattes mit Lineal und Bleistift ein Quadrat von 10 x 10 cm.

③ Zeichne nun in die Mitte des Quadrates den Anfangsbuchstaben deines Vornamens.

④ Verziere den Buchstaben, indem du seine Form umrahmst, an ihm Blumenranken oder Ornamente anbringst.

⑤ Male den Buchstaben und das dazugehörige Quadrat mit Farben aus.

⑥ Spure die Kontur deines Buchstabens mit einem Goldstift nach.

⑦ Ergänze nun in einfacherer Schrift die fehlenden Buchstaben deines Namens rechts neben dem Quadrat.

Romanische Baukunst

Name:

So wird's gemacht:

 Schneide die verschiedenen Vorlagen aus und klebe sie auf dünne Pappe.

⚠ Die gestrichelten Felder dienen dir als Klebeflächen und dürfen nicht abgeschnitten werden.

 Gestalte jetzt deine Kirche mit Buntstiften aus.

③ Schneide anschließend die verstärkten Formen aus.

④ Knicke die Vorlagen entlang der Linien. Spure alle Knicke einmal mit Druck nach, damit sich die verschiedenen Bauteile anschließend besser zusammenfalten lassen.

⚠ Du musst hier sehr genau arbeiten, damit die Bauteile richtig ineinanderpassen.

⑤ Baue nun die ebenen Flächen zu dreidimensionalen Gebäudeteilen zusammen.

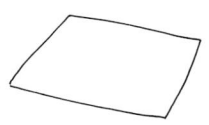

⑥ Nehme nun ein weiteres Stück Pappe als Grundstücksunterlage.

⑦ Gestalte aus den verschiedenen Bauteilen deine eigene romanische Kirche. Klebe die Bauteile zusammen, wenn du sicher bist, wie du die verschiedenen Teile zusammensetzen willst.

 Um eine aufwendigere Kirche zu modellieren, kannst du noch weitere Formen hinzufügen.

Julia Dahmer: Kunst an Stationen. Klasse 5/6
© Auer Verlag GmbH, Donauwörth

**Vorlage:
Romanische Baukunst**

Name:

Mittelschiff

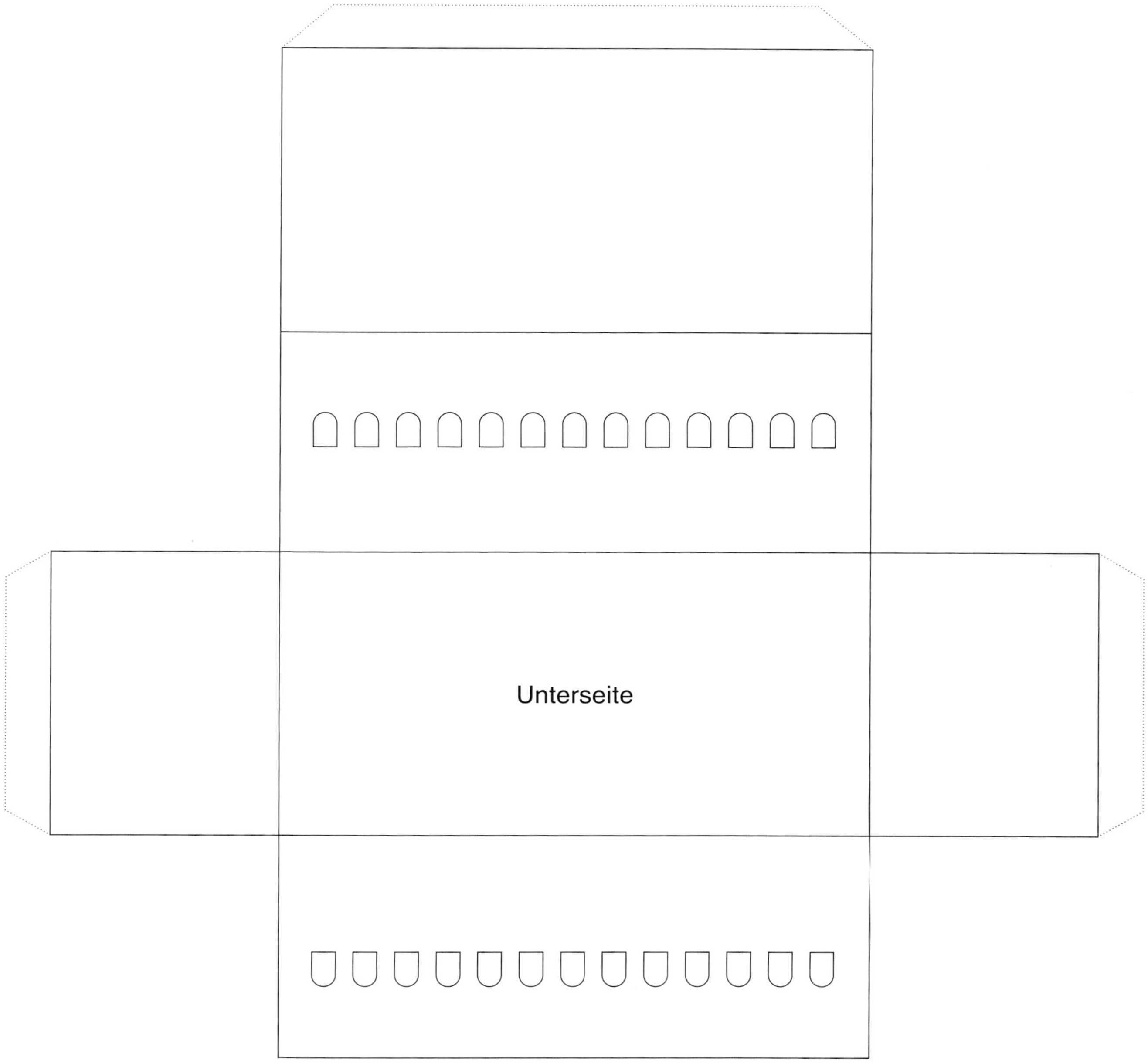

Unterseite

Julia Dahmer: Kunst an Stationen. Klasse 5/6
© Auer Verlag GmbH, Donauwörth

Kunst
im Mittelalter

Vorlage:
Romanische Baukunst

Name:

Dach: Mittelschiff

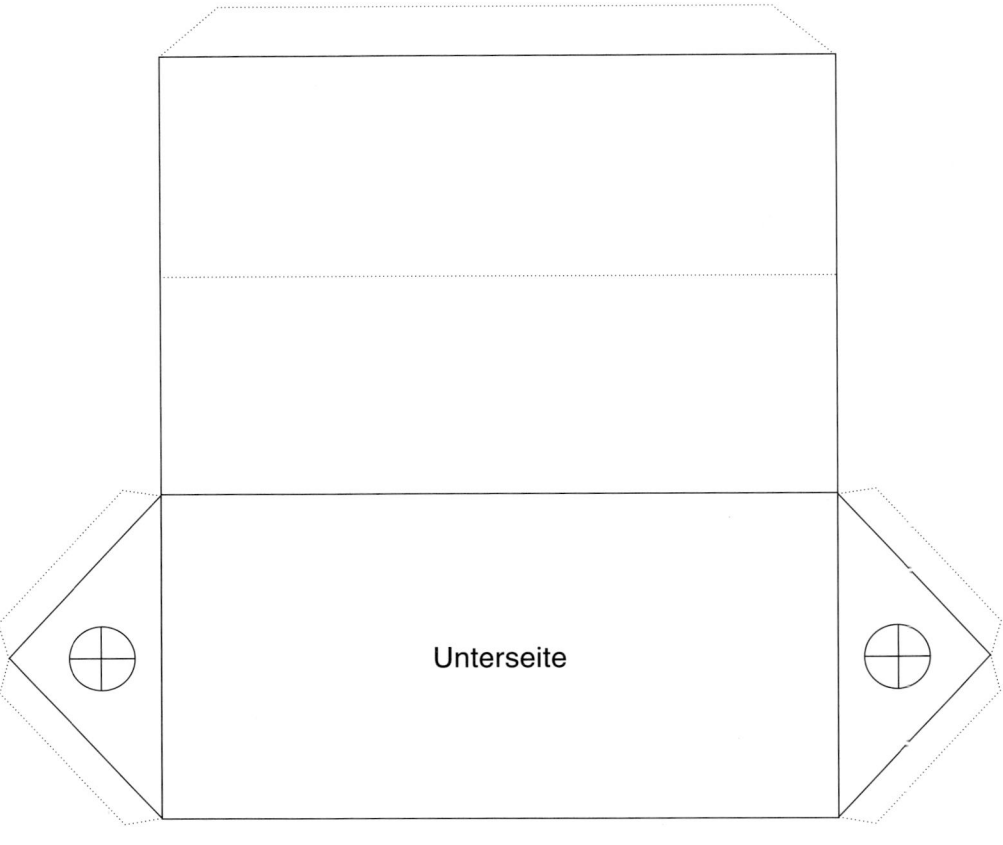

Unterseite

Julia Dahmer: Kunst an Stationen. Klasse 5/6
© Auer Verlag GmbH, Donauwörth

**Vorlage:
Romanische Baukunst**

Dach: Turm

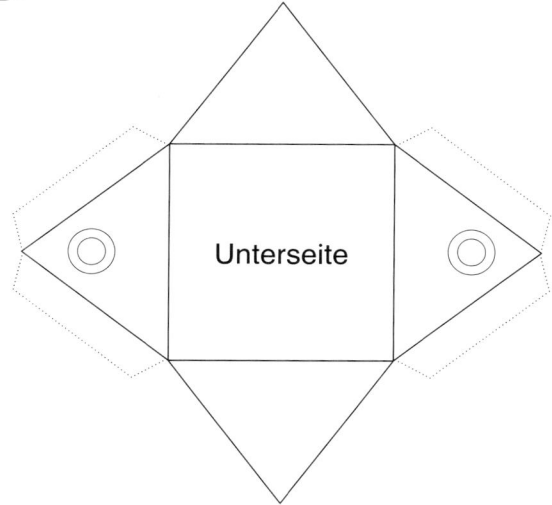

Unterseite

Turm

Unterseite

Julia Dahmer: Kunst an Stationen. Klasse 5/6
© Auer Verlag GmbH, Donauwörth

**Kunst
im Mittelalter**

Vorlage:
Romanische Baukunst

Seitenteil

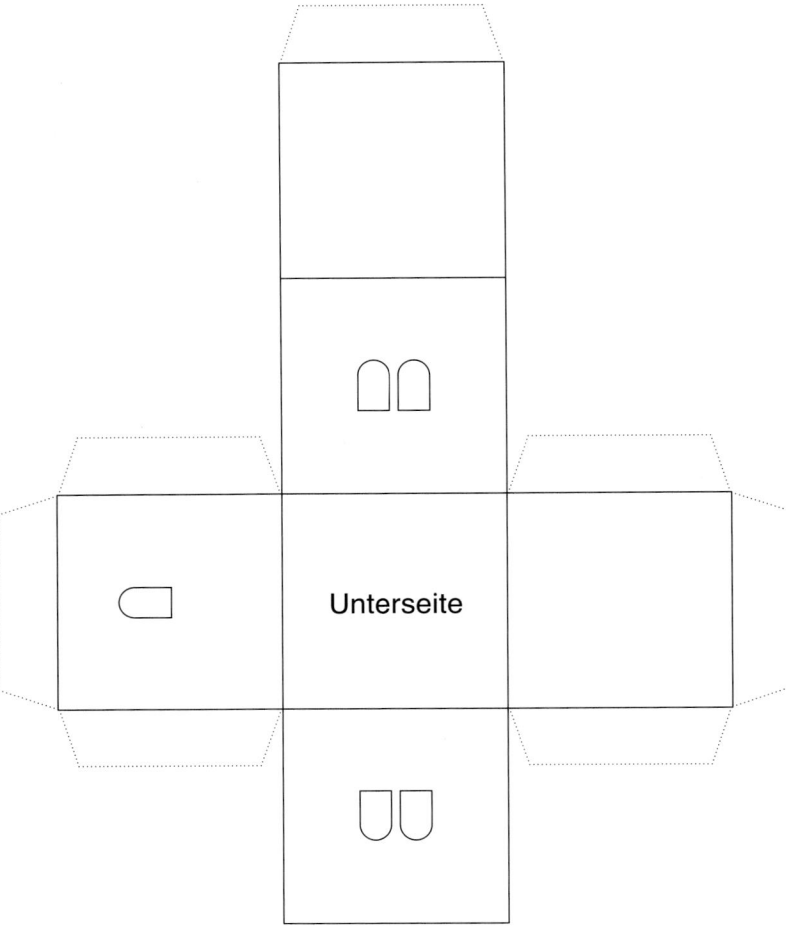

Dach: Seitenteil

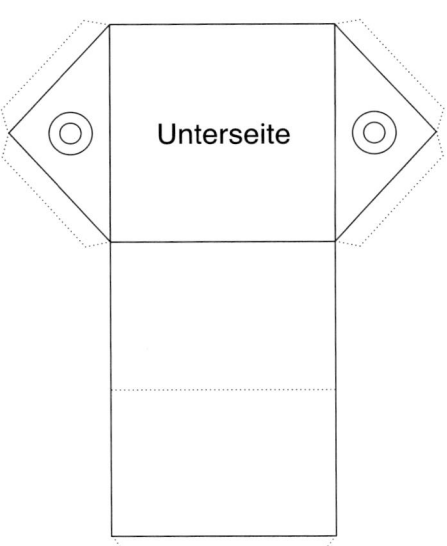

Julia Dahmer: Kunst an Stationen. Klasse 5/6
© Auer Verlag GmbH, Donauwörth

Vorlage:
Romanische Baukunst

Eingangsbereich

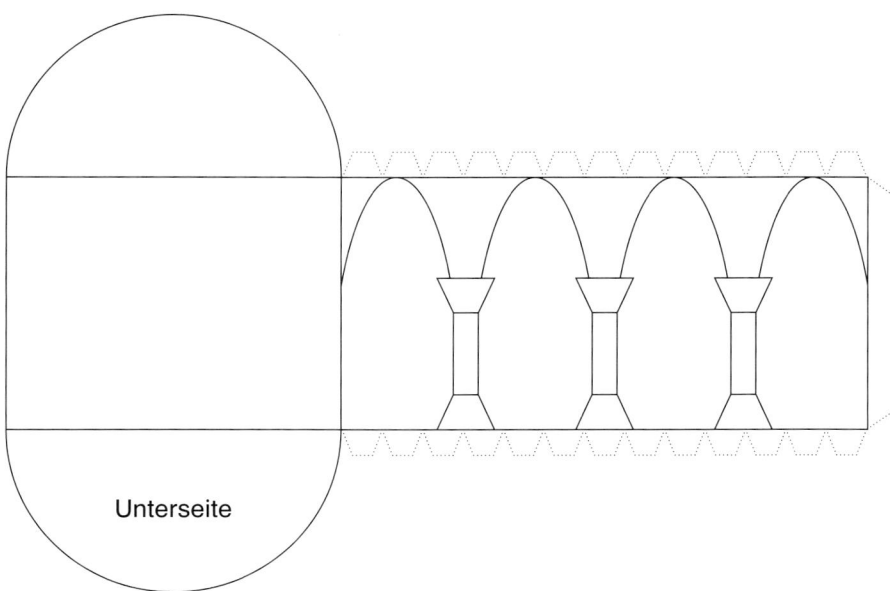

Unterseite

Dach: Eingangsbereich

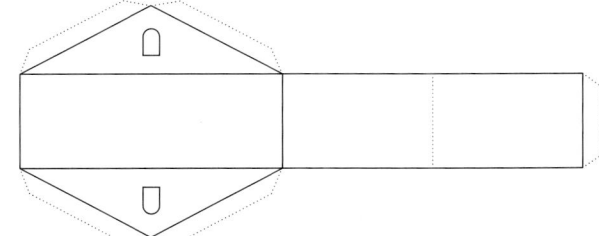

Julia Dahmer: Kunst an Stationen. Klasse 5/6
© Auer Verlag GmbH, Donauwörth

Lichtdurchflutete Himmelsstadt

Name:

So wird's gemacht:

① Schneide die Schablone aus. Löse die inneren Teile vorsichtig mit einem Papiermesser heraus.

② Lege sie auf einen Bogen schwarzen Fotokarton und fahre die Umrisse mit Bleistift nach.

③ Schneide nun deine Vorzeichnungen ebenfalls aus. Auch hier kannst du wieder das Papiermesser zu Hilfe nehmen.

④ Du benötigst jetzt einige Stücke Transparentpapier. Beklebe die Rückseite deines Fenstermotivs mit vielen verschiedenen Transparentpapierteilen, sodass ein buntes Muster entsteht.

 Benutze nicht zu viel Klebstoff.

⑤ Lasse den Klebstoff trocknen.

⑥ Abschließend kannst du dein Bild an ein Fenster hängen. Beim nächsten Sonnenschein wird der Raum farbenfroh leuchten.

Julia Dahmer: Kunst an Stationen. Klasse 5/6
© Auer Verlag GmbH, Donauwörth

Vorlage: Lichtdurchflutete Himmelsstadt

Name:

Julia Dahmer: Kunst an Stationen. Klasse 5/6
© Auer Verlag GmbH, Donauwörth

Kunst im Mittelalter

Mittelalterliche Schuhschau

Name:

Kunst im Mittelalter

Mittelalterliche Kleidung

Die Kleidung im Mittelalter diente nicht nur dazu, vor Wind und Wetter zu schützen, sondern gab außerdem zu erkennen, welchem Stand die jeweilige Person angehörte. Kleiderordnungen legten fest, welche Stoffe und Farben die Gewänder und welche Formen die Hüte haben durften. Einfache Leute trugen simple Kleidung aus Leinen und im Winter aus Leder. Schuhe wurden aus Holz und Leder hergestellt.

Prunkvoll, teuer und sehr aufwendig gestaltet waren hingegen die Kleidungsstücke der Adeligen. Verwendet wurden bunte, detailreiche Stoffe, verziert mit Bändern, Pelzen, silbernen oder goldenen Knöpfen, teilweise wurden sie sogar mit Juwelen besetzt. Eine Kunst für sich waren die ausgefallenen Schuhe. Überzogen mit Tuch oder Seide, verziert mit silbernen Schnallen, bestickt mit Perlen und ebenfalls geschmückt mit Bändern und Pelzen, wurden sie zu einem besonderen Glanzpunkt. Die Länge des Schuhs sagte dabei viel über seinen Besitzer aus, denn es galt: Je länger und spitzer der Schuh, umso vornehmer sein Besitzer.

Und so gestaltest du deinen eigenen mittelalterlichen Schuh:

① Nimm dir ein weißes Blatt Papier und einen Bleistift.

② Entwirf eine Form für einen mittelalterlichen Schuh eines Adeligen.

③ Schneide diese Form aus.

④ Lege sie auf ein Stück Stoff auf und fahre die Umrisse mit einem Filzstift nach.

⑤ Schneide nun deine Vorzeichnung ebenfalls aus und klebe sie auf ein farbiges Tonpapier.

⑥ Schmück deinen jetzt mit entsprechenden Details der mittelalterlichen Mode, indem du aus Tonpapier Bänder, Perlen und Juwelen nachbildest und daraufklebst.

Die silberne Schnalle kannst du besonders wirkungsvoll aus Alufolie nachbilden.

Julia Dahmer: Kunst an Stationen. Klasse 5/6
© Auer Verlag GmbH, Donauwörth

Zeitmessung

Zeitmessung

Das Leben der einfachen Leute im Mittelalter war noch nicht durch eine exakte Zeitmessung bestimmt. Der Tag und somit die Arbeit begann bei Sonnenaufgang und endete mit Sonnenuntergang.

Die Mönche in den Klöstern hingegen hatten einen stark strukturierten Tagesablauf, denn es war zum Beispiel wichtig, dass alle drei Stunden gebetet wurde. Um die Zeit zu messen, nutzten die Mönche neben einfachen „Uhren", wie Kerzen, die eine bestimmte Zeit brannten, auch kostbare Sanduhren.

So einfach kannst du dir eine eigene Sanduhr bauen:

① Du brauchst zwei Gläser mit Schraubdeckel, Klebstoff und Klebeband.

② Nimm die Deckel der beiden Gläser ab und klebe sie mit Klebstoff zusammen. Fixiere sie am Rand mit Klebeband.

③ Schlage nun **vorsichtig** mit einem dünnen Nagel und einem Hammer ein Loch durch beide Deckel. Achte darauf, dass das Loch in der Mitte der Deckel ist.

④ Fülle nun eines der beiden Gläser mit Sand und schraube die Deckel auf dieses Glas.

⑤ Verschraube jetzt auch das zweite Glas.

⑥ Teste, ob der Sand durch das Loch läuft.

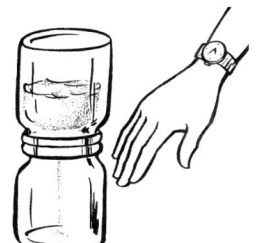

⑦ Probiere jetzt mithilfe einer Uhr mit Sekundenzeiger aus, wie viel Zeit der Sand braucht, um vollständig durchzulaufen.

Um eine bestimmte Zeitspanne zu erreichen, kannst du Sand nachfüllen bzw. welchen entfernen.

Zusatzaufgabe: Minutenanzeige

⑧ Drehe das Glas um und mache nach jeweils einer Minute einen Strich, bis kein Sand mehr rieselt.

⑨ Drehe die Sanduhr um und mache dasselbe noch einmal.

Kunst im Mittelalter

Tüftler und Erfinder

Lehrerinformation

Alle Kinder, ob groß oder klein, träumen davon, ausgefallene Maschinen zu bauen, die das Leben erleichtern, verschönern oder lustiger machen. Fiktiv soll es den Schülern in dieser Stationsarbeit ermöglicht werden, eine solche Maschine zu erfinden. Die dazugehörige Anleitung und anschließende Präsentation geben dem Projekt mehr Wahrhaftigkeit und motivieren die Kinder. Die Stationen 1–3 bilden eine Einheit und sollten in entsprechender Reihenfolge bearbeitet werden.

Die Stationen regen die Schüler dazu an, sich ungewöhnliche Dinge auszudenken und diese gestalterisch umzusetzen. Die letzte Station erfordert neben besonderem Einfallsreichtum auch einige motorische Fähigkeiten, da die Befestigung der Gegenstände mit Draht recht knifflig ist.

Materialaufstellung

Station 1   Skizze einer Unsinnsmaschine

- Bleistifte
- Skizzenblätter

Das Auslegen von modernen und historischen Konstruktionsskizzen, z. B. von Michelangelo (im Internet erhältlich), regt die Schüler an und gibt einige Hinweise zur besseren Umsetzung.

Station 2   Anleitung der Unsinnsmaschine

- entsprechende Anzahl an Kopien des Arbeitsblatts
- Stifte

Station 3   Präsentation: Vorstellung der Unsinnsmaschine

- farbiger Tonkarton
- Kleber
- Stifte
- Karteikarten

Die Präsentation der Ergebnisse kann sowohl im Klassenverband, als auch vor einem größeren Publikum, wie z. B. der Parallelklasse oder den Eltern, stattfinden.

Station 4 Maschine der Zukunft?! Die Roboter kommen

 Schülerarbeit auf S. 83

- DIN A3-Papier
- Scheren
- Kleber
- Schwämme
- Wasserfarben
- Pinsel
- schwarze Filzstifte
- Werbeprospekte (hauptsächlich mit Elektrogeräten)
- Tapete

Hier bietet sich auch eine Gruppenarbeit an. Jeder stellt seinen eigenen Roboter her und gemeinsam kann dann auf einer großen Tapete eine erdige Hintergrundlandschaft geschaffen werden, auf die die Roboter drapiert werden.

Station 5 Elektroschrott erwacht zum Leben

- Elektroschrott (Hier ist wirklich alles möglich: alte Telefone, Drucker, Computer, Wecker, Platinen, Tastaturen etc.)

 Falls Sie selbst nicht genügend Material auftreiben können, können Sie auch bei technischen Firmen in der Umgebung nachfragen, ob sie etwas zu verschenken haben.

- ergänzende Gestaltungsmittel können sein: Konserven, Glühbirnen, Lichterketten, Alufolie, Schrauben, Kabel, Spiralen etc.
- Draht
- Heißklebepistolen
- Werkzeuge: Hammer, Schraubenzieher, Zangen etc.

 Um neuere Elektrogeräte zu öffnen, braucht man meist einen speziellen Tork-Schraubenzieher.

Die Elektrogeräte sollten Sie am besten bereits etwas auseinanderbauen, damit die Schüler sehen, was sie davon nutzen könnten, und die Verletzungsgefahr geringer ist. Das Arbeiten mit den Werkzeugen und der Heißklebepistole erfordert Konzentration und Disziplin. Sie sollten immer ein wachsames Auge auf die an dieser Station beschäftigten Schüler haben.

Skizze
einer Unsinnsmaschine

Name:

Zaubern können wir Menschen nicht, aber Maschinen entwerfen, die das Leben erleichtern und lustiger machen.

So wird's gemacht:

① Schließe die Augen und stelle dir vor, dass du von Beruf ein erfolgreicher Erfinder bist. Du hast bereits einige tolle Konstruktionen erfunden, wie z. B. eine Anziehmaschine oder eine Träume-werden-Wirklichkeit-Maschine. Plötzlich hast du eine Idee von einer wunderbaren Unsinnsmaschine …

② Nimm dir einen Bleistift und einige Skizzenblätter.

③ Zeichne jetzt eine detailreiche Skizze deiner neuen Erfindung.

 Viele Knöpfe, Drähte, Schrauben, Zahnräder, Antennen, Hebel, Stecker, Bildschirme usw. machen deine Maschine besonders interessant.

 Besonders komplizierte Funktionen kannst du auch seitlich neben deiner Maschine in Erklärungskästchen erläutern.

Julia Dahmer: Kunst an Stationen. Klasse 5/6
© Auer Verlag GmbH, Donauwörth

**Anleitung
der Unsinnsmaschine**

Name: _____

Die weltbeste Unsinnsmaschine

Name der Maschine:

_____

Name des Erfinders: _____

Inbetriebnahme: (Beschreibe hier, wie man deine Maschine das
erste Mal einschaltet.)

_____

_____

_____

verkleinerte Skizze deiner Unsinnsmaschine

Hauptfunktion: _____

_____

Sicherheitshinweise: _____

_____

Fernbedienung vorhanden: ja ☐   nein ☐

Bisherige besondere Erlebnisse mit dieser Maschine:
(Denke dir hier eine kleine Geschichte aus, die du mit deiner Unsinnsmaschine erlebt hast.)

_____

_____

_____

_____

_____

_____

_____

_____

**Tüftler
und Erfinder**

Julia Dahmer: Kunst an Stationen. Klasse 5/6
© Auer Verlag GmbH, Donauwörth

Präsentation: Vorstellung der Unsinnsmaschine

Name:

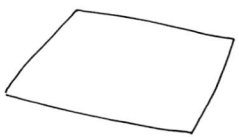

① Nimm dir einen ausreichend großen Tonkarton, auf dem du sowohl die Skizze deiner Unsinnsmaschine als auch ihre Anleitung anbringen kannst.

② Klebe jetzt deine Skizze und die Anleitung auf den Tonkarton.

③ Verziere den Tonkarton noch mit einigen passenden Details. Zeichne zum Beispiel noch einige Schrauben oder Werkzeuge als Verzierung auf den Rand.

④ Nimm dir jetzt eine Karteikarte und einen Stift.

⑤ Überlege dir einige Stichwörter, die deine Unsinnsmaschine besonders gut beschreiben, und schreibe sie auf deine Karteikarte.

 Hebe zum Beispiel Details ihres Aussehens und ihrer Funktion hervor.

⑥ Übe deine Präsentation, indem du dir leise vorsprichst, was du später sagen möchtest.

Julia Dahmer: Kunst an Stationen. Klasse 5/6
© Auer Verlag GmbH, Donauwörth

Maschinen der Zukunft?!
Die Roboter kommen

Name:

So wird's gemacht:

Hintergrund gestalten:

① Nimm dir einen Schwamm, Wasserfarben und ein Blatt DIN-A3-Papier.

② Streiche den feuchten Schwamm über das ganze Blatt.

③ Tunke den Schwamm in verschiedene Blautöne und tupfe damit über das ganze Blatt, sodass eine deckende Fläche entsteht.

④ Lasse deinen Hintergrund kurz trocknen.

⑤ Male nun mit einem Pinsel in die untere Hälfte des Blattes eine erdige Hügellandschaft.

⑥ Lasse deinen Hintergrund trocknen.

Roboter gestalten:

⑦ Schneide aus einigen Werbeprospekten Bilder von Elektrogeräten aus.

⑧ Lege aus den einzelnen Teilen einen mächtigen Roboter zusammen.

⑨ Klebe deinen Roboter auf eine Pappe.

⑩ Zeichne dem Roboter mit einem schwarzen Filzstift ein Gesicht.

⑪ Schneide den Roboter aus.

⑫ Klebe den Roboter auf deinen getrockneten Hintergrund.

Julia Dahmer: Kunst an Stationen. Klasse 5/6
© Auer Verlag GmbH, Donauwörth

Tüftler und Erfinder

Elektroschrott erwacht zum Leben

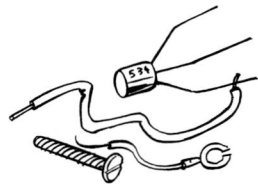

So wird's gemacht:

① Suche dir zunächst einige Elektroschrottgegenstände, Werkzeuge (wie Hammer, Zange, Schraubenzieher, Heißklebepistole usw.) und etwas Draht zusammen.

② Baue dir aus den verschiedenen Elektronikteilen einen Roboter.

 Befestige die verschiedenen Teile mithilfe von Draht und der Heißklebepistole aneinander.

 Sei beim Arbeiten mit den Elektronikteilen vorsichtig, sie haben teilweise sehr scharfe Kanten.

③ Male deinem Roboter mit wasserfestem Filzstift ein Gesicht.

Julia Dahmer: Kunst an Stationen. Klasse 5/6
© Auer Verlag GmbH, Donauwörth

Gestalterische Mittel in der Kunst

Lehrerinformation

Die Auseinandersetzung mit gestalterischen Mitteln in der Kunst ist grundlegend für den Kunstunterricht. Diese Stationsarbeit soll dazu beitragen, erste systematische Begegnungen zu ermöglichen. Die Stationen für sich stellen Übungen dar, um erarbeiteten Inhalte eigenständig umzusetzen und somit besser zu verinnerlichen. Ergänzend können von der Lehrkraft selbst Arbeitsaufträge gegeben werden, in denen die erlernten Kenntnisse eingesetzt werden müssen. Auch eine anschließende systematische Einführung in die Bildbetrachtung würde sich hier anbieten.

Materialaufstellung

Station 1 Farbkontraste

Schülerarbeit auf S. 84

- Farben
- entsprechende Anzahl an Kopien der Vorlage (Vergrößern Sie die Vorlage auf DIN A3.)
- Wasserfarben
- Pinsel
- je 1 schwarzer Bogen Tonpapier (DIN A4)
- Scheren
- Kleber

Diese Station mündet in eine Partnerarbeit. Die Kinder sollen jeweils im Bild des Partners die Farbkontraste finden.
Ergänzend können hier mit der Klasse einige Kunstwerke betrachtet und die jeweiligen Kontraste herausgearbeitet werden.

Station 2 Nah und Fern

Schülerarbeit auf S. 84

- je 1 weißes Blatt Papier (DIN A4)
- Bleistifte
- Wasserfarben
- Pinsel
- je 1 grauer Bogen Tonpapier (DIN A4)
- Scheren
- schwarze Filzstifte
- Kleber

 Um ein schönes Bullauge zeichnen zu können, wäre es sinnvoll, einen Zirkel oder zwei Kreisschablonen mit den jeweiligen Durchmessern zur Verfügung zu stellen.

Station 3 Hell und Dunkel

Schülerarbeit auf S. 84

- je 1 weißer und 1 schwarzer Tonkarton (DIN A4)
- Tesafilm
- Bleistifte
- schwarze Filzstifte
- weiße Eddings
- Pinsel
- Acrylfarbe

Station 4   Perspektiven

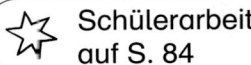
Schülerarbeit
auf S. 84

- einige Bilder von Libellen und Salamandern
- je 1 weißes Blatt Papier (DIN A4)
- Bleistifte
- Lineale
- Buntstifte

Station 5   Glanzlichter setzen

Schülerarbeit
auf S. 84

- Zeichenblöcke
- Acrylfarbe
- Pinsel

Station 6   Strukturen

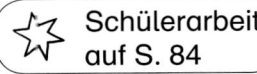
Schülerarbeit
auf S. 84

- weißes Blatt Papier (DIN A4)
- Bleistifte
- verschiedene Zeitschriften
- Scheren
- Kleber
- Filzstifte

Farbkontraste

Infotheke: Farbkontraste

Farben haben unterschiedliche Wirkungen. Besonders die Kombination von zwei Farben lässt unterschiedliche Eindrücke entstehen. Im Folgenden werden die wichtigsten Farbkontraste nach Johannes Itten aufgeführt.

Hell-Dunkel-Kontrast

Ein Hell-Dunkel-Kontrast entsteht durch die unterschiedliche Farbhelligkeit zweier Farben. Schwarz und Weiß stellen hier den deutlichsten Kontrast dar.

Kalt-Warm-Kontrast

Die Farben von Rot bis Gelb werden als warme Farben bezeichnet und lösen beim Betrachter ein angenehmes Gefühl aus. Als kalte Farben werden die Farben von Violett über Blau bis Gelb-grün bezeichnet. Sie bewirken beim Betrachter ein Gefühl von Distanz, Kühle und räumlicher Entfernung.

Liegt eine warme Farbe direkt neben einer kalten Farbe spricht man von einem Kalt-Warm-Kontrast. Meist wird dieser Kontrast genutzt, um Nähe und Ferne in einem Bild darzustellen, um einen räumliche Wirkung zu erreichen. Je weiter ein Gegenstand entfernt ist, umso kälter werden die Farben.

Komplementärkontrast

Als Grundfarben gelten Rot, Gelb und Blau. Die Mischung von zwei dieser Farben ergibt die Komplementärfarbe zur dritten nicht verwendeten Grundfarbe. Mischt man also Gelb und Rot, entsteht Orange und somit die Komplementärfarbe zu Blau. Auf dem Farbkreis nach Johannes Itten liegen sich diese Farben gegenüber. Liegen zwei Komplementärfarben in einem Bild nebeneinander, spricht man von einem Komplementärkontrast. Diese Farbkombinationen wirken besonders grell.

Qualitätskontrast

Die Farbqualität sagt etwas über die Reinheit einer Farbe aus. Liegt eine reine Farbe neben der-selben Farbe, die allerdings mit Schwarz, Weiß oder ihrer Komplementärfarbe getrübt wurde, spricht man von einem Qualitätskontrast. Die Farbintensivität der reinen Farbe wird durch diesen Kontrast hervorgehoben.

Quantitätskontrast

Ein Quantitätskontrast bezeichnet die Gegenüberstellung verschieden großer Farbflächen. Je nach Verhältnis kann so Harmonie, Dynamik oder Spannung ausgelöst werden.

Farbe-an-sich-Kontrast

Liegen die drei Grundfarben (Rot, Gelb und Blau) in ihrer reinen Form nebeneinander, spricht man von einem Farbe-an-sich-Kontrast.

Gestalterische Mittel in der Kunst

Farbkontraste

So wird's gemacht:

①   Nimm dir eine Vorlage und deinen Wasserfarbkasten.

②   Male nun die kleinen Kästchen mit verschiedenen Farben aus.

⚠   Setze dabei einige der Kontraste um.

③   Schneide nun das ganze Kästchenbild aus und klebe es auf einen schwarzen Tonkarton.

④   Suche dir nun einen Partner, der die Aufgabe auch bereits gelöst hat, und tauscht eure Bilder aus.

⑤   Suche im Bild deines Partners die Kontraste heraus.

⑥   Lasse dir von deinem Tauschpartner anschließend zeigen, welche Kontraste er in deinem Bild gefunden hat, und ergänze/berichtige ihn gegebenenfalls.

⑦   Zeige deinem Partner ebenfalls, welche Kontraste du in seinem Bild gefunden hast.

Julia Dahmer: Kunst an Stationen. Klasse 5/6
© Auer Verlag GmbH, Donauwörth

Vorlage: Farbkontraste

**Gestalterische
Mittel in der Kunst**

Nah und Fern

Infotheke: Nah und Fern

Gegenstände im Hintergrund eines Bildes werden immer heller und blasser gemalt als die Gegenstände und Figuren im Vordergrund. Je weiter Dinge vom Betrachter entfernt sind umso undeutlicher werden ihre Konturen und Umrisse.

Auch die Farbgebung ändert sich bei der Gestaltung von Nähe und Ferne. Ferne Objekte werden mit steigender Entfernung mit kälteren Farben gezeichnet.

Dies nennt man Farb-Luft-Perspektive.

So wird's gemacht:

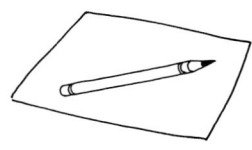

① Nimm dir ein weißes Blatt Papier (DIN A4) und einen Bleistift.

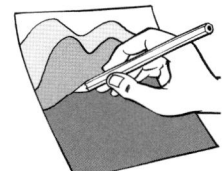

② Zeichne einige Reihen Wellenkonturen hintereinander auf das Blatt.

③ Male nun den Himmel mit einem blassen Blauton, indem du nur wenig Wasserfarbe und viel Wasser nutzt.

 Warte jeweils einen kleinen Moment, bis der Farbton leicht angetrocknet ist, bevor du den nächsten aufträgst.

④ Nimm nun einen kräftigeren blauen Farbton und male die hinterste Welle aus.

⑤ Nimm für jede weitere Welle einen immer intensiver werdenden Blauton.

 Die vorderste Welle sollte auch die dunkelste sein.

Julia Dahmer: Kunst an Stationen. Klasse 5/6
© Auer Verlag GmbH, Donauwörth

Gestalterische Mittel in der Kunst

Nah und Fern

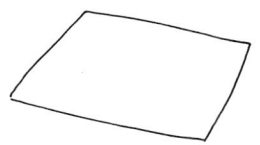

⑥ Nimm nun ein Bogen graue Pappe (DIN A4) und zeichne in die Mitte des Blattes einen Kreis mit 16 cm Durchmesser.

⑦ Schneide diesen Kreis nun vorsichtig aus.

⑧ Ziehe jetzt mit einem schwarzen Filzstift um den ausgeschnittenen Kreis einen weiteren Kreis mit einem Durchmesser von 18 cm.

⑨ Zeichne in den entstandenen Ring einige Schrauben.

⑩ Jetzt kannst du das entstandene Bullauge mit Wasserfarben ausmalen.

⑪ Klebe jetzt dein zuvor gestaltetes Wellenbild hinter das Bullauge.

Julia Dahmer: Kunst an Stationen. Klasse 5/6
© Auer Verlag GmbH, Donauwörth

Hell und Dunkel

Infotheke: Helle und dunkle Töne

Farbtöne können die Atmosphäre eines Bildes verändern. Helle Töne vermitteln meist den Eindruck von Weite und Raum. Sie treten eher in den Hintergrund und eignen sich daher besonders gut als Hintergrundfarben für Texte und Bilder. Die hellen Farben wirken auf den Betrachter eines Bildes stimmungsaufhellend, freudig und belebend.
Dunkle Farben hingegen wirken meist düster, bedrückend, einengend und vermitteln Schwere. Sie treten auf hellem Hintergrund besonders hervor.

So wird's gemacht:

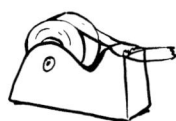

① Klebe einen weißen und einen schwarzen Tonkarton (DIN A4) hochkant mit Tesafilm nebeneinander.

② Drehe das Papier jetzt um, sodass der Klebestreifen auf der unteren Seite ist.

③ Zeichne nun mit Bleistift folgende Bushaltestellen-szenen mit Bleistift:

— Weiße Pappe: Menschen stehen im Unwetter und sehen unglücklich und grimmig aus.

— Schwarze Pappe: Die Sonne scheint und die Menschen sind fröhlich.

 Achte darauf, dass trotz der beiden Seiten ein Gesamtbild entsteht.

④ Spure die Szene der Regenseite mit einem schwarzen Filzstift und die Sonnenseite mit einem weißen Edding nach.

⑤ Male nun die Regenseite mit dunklen und die Sonnenseite mit hellen Acrylfarben aus.

 Mischt du Schwarz zu einer Farbe hinzu, wird sie dunkler. Mischt du Weiß zu einer Farbe hinzu, wird sie heller.

Julia Dahmer: Kunst an Stationen. Klasse 5/6
© Auer Verlag GmbH, Donauwörth

Gestalterische Mittel in der Kunst

Perspektiven

Infotheke: Perspektiven

Je nachdem, was ein Künstler in seinem Bild vermitteln möchte, wählt er eine entsprechende Perspektive.

Froschperspektive

Betrachtest du die Gegenstände eines Bildes von einer Stelle, die unter der normalen Augenhöhe liegt, spricht man von Froschperspektive. Der Standpunkt des Betrachters liegt also tiefer und es hat den Anschein, als würde man von unten nach oben schauen. Die Dinge, die man betrachtet, wirken extrem groß. Diese Perspektive vermittelt den Eindruck von Unterlegenheit.

Beispiel: Stelle dir vor, du schaust aus einem Mauseloch, und von oben schaut eine gierige Katze auf dich hinunter.

Vogelperspektive

Als Vogelperspektive bezeichnet man den Blick auf etwas, das schräg unter dem Betrachter liegt. Der Standpunkt des Betrachters liegt also höher als der Gegenstand, auf den er schaut. Diese Perspektive vermittelt den Eindruck von Freiheit und Überlegenheit. Der Betrachter hat das Gefühl, er würde über den Dingen fliegen.

Beispiel: Stelle dir vor, du stehst auf einem 10-m-Brett im Schwimmbad und schaust hinunter auf das Schwimmbecken und die Menschen auf dem Boden.

Ein smarter kleiner Libellenjunge und ein verfressener junger Salamander erleben im Schilf eines verwilderten Teiches einige Abenteuer. Doch wie sehen sich die zwei ungleichen Freunde gegenseitig?

So wird's gemacht:

① Überlege dir, ob du aus der Vogelperspektive die Sicht des Libellenjungen von oben auf den Salamander oder ob du aus der Froschperspektive die Sicht des Salamanders von unten auf die Libelle malen möchtest.

② Schaue dir einige entsprechende Tierfotos von deinem gewählten Tier an.

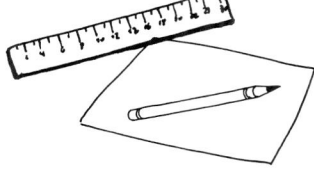

③ Nimm dir ein Blatt Papier, ein Lineal und einen Bleistift.

④ Lege das Blatt quer vor dich hin.

Gestalterische Mittel in der Kunst

Perspektiven

Name:

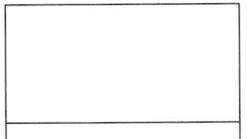

⑤ Zeichne mithilfe des Lineals eine Linie 5 cm über den unteren Rand des Blattes.

⑥ Falte nun das Blatt einmal in der Mitte.

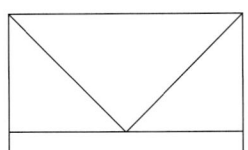

⑦ Zeichne nun mithilfe des Lineals eine Linie aus der rechten und der linken oberen Ecke des Blattes bis zu dem Punkt, an dem sich die Linie und die Falte schneiden.

⑧ Für die Vogelperspektive musst du nun dein Blatt umdrehen.

⑨ Male jetzt dein ausgewähltes Tier aus der entsprechenden Perspektive.

 Das Dreieck zeigt dir auf, wie sich die Größe deines Tieres in der jeweiligen Perspektive verhält. Zur Spitze hin wird der Körper immer kleiner und zeigt somit auf, dass dieser Punkt weiter entfernt liegt.

 Der Kopf ist sowohl bei der Frosch- als auch bei der Vogelperspektive in der weiten Öffnung des Dreiecks.

⑩ Gestalte den Hintergrund des Blattes mit entsprechenden Details aus (Wiese, Himmel usw.).

⑪ Male deine Zeichnung mit Buntstiften aus.

Julia Dahmer: Kunst an Stationen. Klasse 5/6
© Auer Verlag GmbH, Donauwörth

Glanzlichter setzen

Infotheke: Glanzlichter

Zeichnet man kleine Lichter in die Augen von Menschen oder Tieren, scheint es, als hätte man sie zum Leben erweckt. Gegenstände wirken durch Glanzlichter plastischer. Besonders das realistische Zeichnen von Glas, Metall und Porzellan ist nur durch die Anwendung von Glanzlichtern möglich. Sie stellen die hellsten Punkte in einem Gemälde dar.

So wird's gemacht:

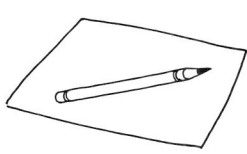

① Male mit Bleistift einen Kreis auf ein Zeichenblockpapier.

② Spure diesen Kreis mit einem dicken Pinsel mit roter Acrylfarbe nach.

③ Mische jetzt zu deiner roten Farbe ein wenig weiße Farbe hinzu und zeichne einen weiteren Kreis innerhalb der Linie.

④ Wiederhole diesen Schritt mit immer mehr weißer und immer weniger roter Farbe, bis der Kreis gefüllt ist. Der kleinste Kreis sollte ganz weiß sein.

⑤ Zeichne jetzt noch weitere geometrische Formen (Rechteck, Dreieck, Viereck, Ellipse usw.) neben den Kreis auf dein Papier und wiederhole die vorherigen Arbeitsschritte.

 Nutze für jede weitere Form eine andere Farbe.

 Der hellste Punkt muss nicht der Mittelpunkt deiner Form sein. Der hellste Punkt soll den Punkt darstellen, der das Licht reflektiert, und kann sich auch weiter rechts oder links, weiter oben oder unten befinden.

Gestalterische Mittel in der Kunst

Strukturen

Infotheke: Strukturen

Die gemusterte Oberfläche eines Gegenstandes wird in der Kunst als Struktur (oder auch Muster) bezeichnet. Haben zwei gleichfarbige Objekte unterschiedliche Muster, können sie von Menschen trotz großer Entfernung unterschieden werden. Ob viele kleine Kreise, Punkte, Striche, Schlangenlinien, Sterne oder anderes, bei einem Muster wiederholen sich Elemente in ähnlicher Form immer und immer wieder. Die Struktur verläuft meist in eine Richtung. Verschiedene Strukturen in einem Bild ermöglichen es, neue Flächen, Formen, Richtungsänderungen, Absätze und vieles mehr deutlich zu machen, ohne dass eine starre Linie diese voneinander abgrenzt.

So wird's gemacht:

① Nimm dir ein Blatt Papier und einen Bleistift.

② Zeichne jetzt den Umriss eines fantastischen Zaubervogels.

③ Teile ihn in verschiedene Flächen ein, z. B. Kopf, Schnabel, Auge, Körper, Füße und Federn des Schwanzes und der Flügel.

④ Gestalte nun die einzelnen Flächen mit unterschiedlichen Strukturen aus.

 Einzelne Muster kannst du dir auch aus Zeitschriften ausschneiden. Schneide die Schnipsel entsprechend zu und klebe sie auf.

⑤ Male die verschiedenen Muster mit Filzstiften aus.

 Achte darauf, dass keine weißen Zwischenräume zurückbleiben.

⑥ Gestalte jetzt noch einen entsprechenden Rahmen mit verschiedenen Strukturen um deinen Zaubervogel herum.

Julia Dahmer: Kunst an Stationen. Klasse 5/6
© Auer Verlag GmbH, Donauwörth

Schülerarbeiten

Geister und andere Ungeheuer

Station 3: Verhexte Kostüme

Station 4: 3-D-Monster

Station 5: Schauerliche Bedrohung in der Großstadt

Station 6: Der Blick durchs Schlüsselloch

Station 7: Schauerliche Fleckenmonster

Station 2: Höhlenmalerei im Rampenlicht

Station 4: Bildhauer im alten Ägypten

Station 5: Die Rüstung eines Römers

Station 6: Lebendig begraben:
Ausbruch des Vesuvs

Station 7: Archäologen bei der Arbeit

Station 1: Wort im Bild

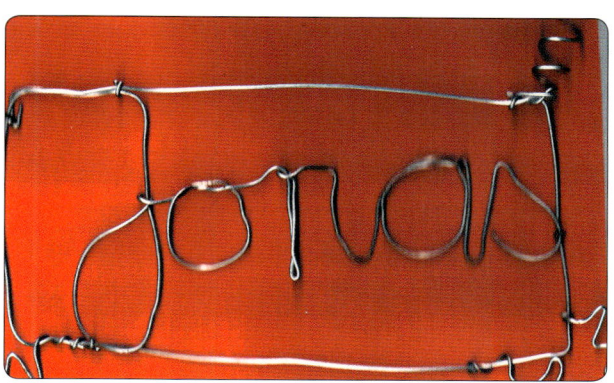

Station 3: Biegsame Schreibwerkstatt

Station 4: Gestalten eines Firmenlogos

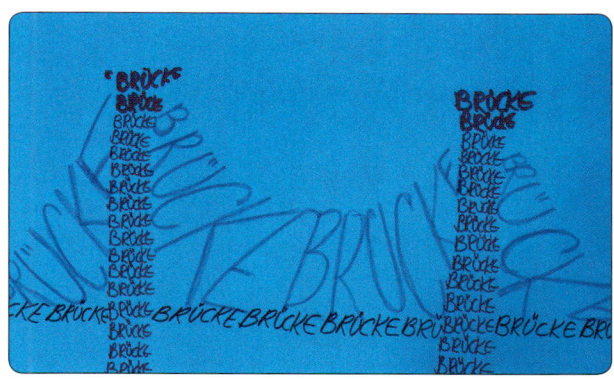

Station 5: Buchstabenbauwerk

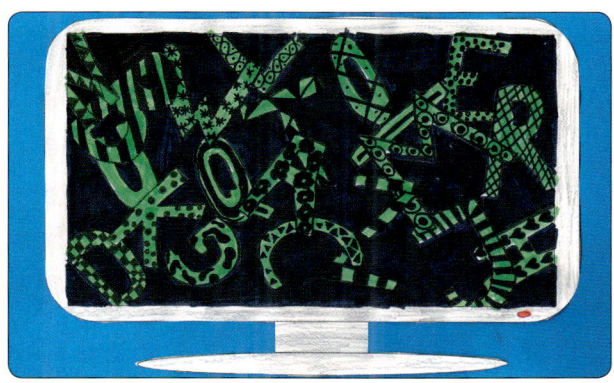

Station 6: Buchstabensalat am Computer

Station 3: Dekorative Buchmalerei

Station 4: Romanische Baukunst

Station 6: Mittelalterliche Schuhschau

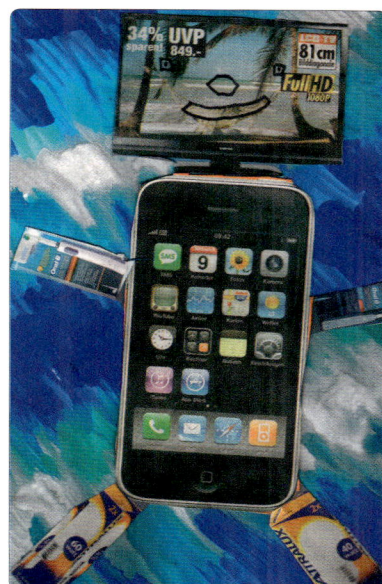 

Station 4: Maschinen der Zukunft?! Die Roboter kommen

Station 1: Farbkontraste

Station 2: Nah und Fern

Station 4: Perspektiven

Station 3: Hell und Dunkel

Station 5: Glanzlichter setzen

Station 6: Strukturen